TERESIA STEUBE

SOMATISCHE THERAPIE

FÜR GENESUNG VON TRAUMATA

TOOLKIT MIT ÜBUNGEN ZUR STÄRKUNG DER GEIST-KÖRPER-VERBINDUNG, ZUR BEHANDLUNG KOMPLEXER TRAUMATA, ZUM ABBAU VON STRESS UND PTBS.

SOMATISCHE THERAPIE

FÜR

GENESUNG VON TRAUMATA

Toolkit mit Übungen zur Stärkung der
Geist-Körper-Verbindung, zur Behandlung
komplexer Traumata, zum Abbau von Stress
und PTBS.

Redaktioneller Leiter:

Almeric Gerver

Cover-Design:

Gert Bohn

Redaktions- und Produktionsleistungen:

Echte Stiftverlage

Inhalt

Einleitung...13

Warum die somatische Therapie funktioniert: Heilung durch den Körper

....18

Ihre Heilungsreise beginnt hier: Ein mitfühlender Ansatz.....................23

Kapitel 1...27

Trauma und der Körper – Was Sie wissen müssen..............................27

Das Nervensystem verstehen: Kampf, Flucht, Erstarren......................31

Wie die somatische Therapie hilft, gespeicherte Traumata zu lösen......35

POLYVAGALE THEORIE..39

Kapitel 2...43

Holen Sie sich Ihren Körper zurück...43

So hören Sie auf die Signale Ihres Körpers..47

Identifizieren von Spannungs- und Stressbereichen.............................51

Achtsames Atmen: Beruhigung des Nervensystems.............................55

Kapitel 3...59

Erdungstechniken – Wie du dich wieder sicher in deinem Körper fühlst

....59

Erdungsübungen für den Alltag..62

Wie Berührung, Klang und Sehen Ihnen helfen können, präsent zu

bleiben...68

Kapitel 4...71

Breathwork – durch den Atem wieder zur Ruhe kommen.....................71

Atmen für Ruhe: Einfache Techniken, die Sie jederzeit anwenden können

....74

Atembewusstsein in stressigen Momenten..77

Fortgeschrittene Atemarbeit für tiefe Heilung...................................80

Kapitel 5...85

Sanfte Bewegung – Lösen von Traumata durch den Körper 85

Sanftes Dehnen zum Lösen von Verspannungen 87

Einführung in das Somatic Yoga 92

Achtsames Gehen: Heilung Schritt für Schritt 95

Kapitel 6 99

Navigieren von Auslösern und emotionalen Flashbacks 99

Identifizieren Sie Ihre persönlichen Auslöser 102

Somatische Techniken zur Bewältigung von Auslösern 107

Aufbau von Resilienz gegen zukünftige Auslöser 109

Kapitel 7 113

Unterstützung finden und weitermachen 113

Die Wahl des richtigen somatischen Therapeuten 116

Erstellen eines persönlichen Heilplans 119

Die Reise der Heilung: Was Sie in Zukunft erwartet 122

Kapitel 8 125

Aufbau von Resilienz durch somatische Praktiken 125

Somatische Praktiken, um Kraft und Flexibilität zu kultivieren 128

Erstellen Sie eine tägliche Praxis, um Ihr Wohlbefinden zu unterstützen

...... 131

Somatische Techniken in den Alltag integrieren 134

Kapitel 9 139

Umgang mit Stress und Angst: Ihr somatischer Werkzeugkasten 139

Ihr somatischer Werkzeugkasten: Schnelle Techniken zur Linderung von Ängsten 142

Wie Sie sich vor, während und nach einer Panikattacke beruhigen können 147

Den eigenen somatischen Rhythmus finden: Was funktioniert für Sie? 151

Kapitel 10 155

Die Rolle von Achtsamkeit und Meditation bei der somatischen Heilung
.... 155
Meditationstechniken zur Unterstützung der somatischen Heilung........159
Sensibilisierung für Ihre täglichen Aktivitäten................................163
Dankbarkeit als somatisches Werkzeug üben...................................166

Kapitel 11 169
Heilung durch Gemeinschaft und Verbundenheit.............................169
Erstellen Sie Ihr eigenes Support-System.......................................173
Arbeit mit einem somatischen Therapeuten: Was Sie erwartet..............176
Somatische Selbsthilfegruppen und Ressourcen finden.......................179

Kapitel 12 183
Ihre fortlaufende Reise – Leben nach der Traumabewältigung............. 183
Wie sieht das Leben nach der Traumabewältigung aus? 183
Bleiben Sie in Ihrem Fortschritt geerdet 186
Neue Ziele für Wachstum und Heilung setzen 189
Setze deine Reise mit Mitgefühl fort...192

Schlussfolgerung...195

Vorwort

Willkommen auf einer Reise der Heilung, auf der die Kraft deines Körpers und Geistes dich zu Frieden, Widerstandsfähigkeit und einem erneuerten Selbstbewusstsein führen kann. Wenn du dieses Buch in der Hand hältst, hast du bereits einen wichtigen Schritt getan: Du hast anerkannt, dass deine Vergangenheit nicht deine Zukunft bestimmen muss. Egal, ob Sie ein Überlebender von Kindesmissbrauch sind oder einfach jemand, der in irgendeiner Form ein Trauma erlebt hat, ich möchte, dass Sie wissen, dass Ihre Geschichte wichtig ist. Du bist nicht gebrochen, und dein Weg zur Heilung ist ganz dein eigener. Dieses Buch soll Anleitung, Ermutigung und praktische Werkzeuge bieten, die alle in der transformativen Praxis der somatischen Therapie verwurzelt sind.

In ihrer Essenz geht es bei der somatischen Therapie darum, sich wieder mit Ihrem Körper zu verbinden. Ein Trauma hat eine Art, uns aus unserer eigenen Haut zu reißen und uns das Gefühl zu geben, von dem Gefäß getrennt zu sein, das unsere Erfahrungen enthält. Es ist, als ob unser Körper uns verrät, indem er an Schmerz, Erinnerungen und Ängsten festhält. Aber was wäre, wenn ich dir sagen würde, dass dein Körper nicht dein Feind ist? Tatsächlich ist es Ihr größter Verbündeter auf dieser Reise. Durch somatische Übungen lernst du, auf die Weisheit deines Körpers zu hören – seine subtilen Signale, seine Rufe nach Aufmerksamkeit – und indem du das tust, wirst du deine angeborene Fähigkeit freisetzen, von innen heraus zu heilen. Dies ist kein Prozess, der über Nacht geschieht, und auch nicht einer, der jemals perfekt sein wird. Aber es ist ein Prozess, und es ist einer, der mit dem einfachen Akt des Wahrnehmens, Fühlens und Sich-Nehmens des Raumes zur Heilung beginnt.

Dieses Buch ist so konzipiert, dass es Ihr Begleiter auf dieser Erkundung ist. Es ist kein starres Handbuch voller Fachjargon, sondern ein Leitfaden, der dich dort abholt, wo du stehst – egal, ob du gerade erst anfängst, die Auswirkungen von Traumata auf dein Leben zu erforschen, oder ob du nach neuen Wegen suchst, deine Heilung zu vertiefen. Wir tauchen in praktische Techniken wie Erdung, achtsame Bewegung und Atemübungen ein, die dir helfen, präsent zu bleiben, wenn sich das Gewicht der Vergangenheit zu schwer anfühlt, um es zu tragen. Wir werden untersuchen, wie Ihr Körper auf Stress und Traumata reagiert und vor allem, wie Sie ihn neu trainieren können, um sich wieder sicher zu fühlen. Beim Umblättern der Seiten entdeckst du Geschichten von Resilienz, Momenten des Durchbruchs und Einsichten, die dich daran erinnern: Heilung ist nicht nur möglich, sie ist zum Greifen nah.

Betrachten Sie dieses Buch beim Lesen als ein Gespräch zwischen uns. Ich bin nicht hier, um dir zu sagen, was du tun oder wie du dich fühlen sollst. Ich bin hier, um Vorschläge zu machen, um zu teilen, was für andere funktioniert hat, und um dich daran zu erinnern, dass es nicht den einen richtigen Weg zur Heilung gibt. Der Weg eines jeden Menschen ist anders und wird von individuellen Erfahrungen, Herausforderungen und

Stärken geprägt. An manchen Tagen fühlt es sich leichter an, an anderen fühlt es sich an, als würdest du das Gewicht der Welt auf deinen Schultern tragen. Aber das ist in Ordnung. Heilung ist kein Wettlauf; Es ist eine langsame, stetige Rückgewinnung von sich selbst.

Ein Trauma kann sich oft wie ein Sturm anfühlen, der durch dein Leben fegt und Chaos und Verwirrung hinterlässt. Aber auch nach den dunkelsten Stürmen gibt es immer eine Lichtung. Es gibt immer einen Moment, in dem sich die Wolken teilen und man anfängt, die Sonne wieder durchscheinen zu sehen. In diesem Buch geht es darum, diese Klärung zu finden, darum, dein Gefühl von Frieden und Kraft zurückzugewinnen, egal wie fern sie sich anfühlen mögen. Sie müssen nichts überstürzen oder erzwingen. Das Schöne an der somatischen Therapie ist sogar, dass sie dich lehrt, geduldig mit dir selbst zu sein, dem eigenen Tempo deines Körpers zu vertrauen und zu erkennen, dass es bei der Heilung genauso sehr um die Reise wie um das Ziel geht.

Ich lade Sie ein, diese Seiten mit einem Gefühl der Neugier zu durchblättern. Seien Sie offen für die Übungen, auch wenn sie im ersten Moment ungewohnt erscheinen. Achte darauf, was bei dir ankommt und was nicht – das ist alles Teil des Prozesses. An manchen Tagen kann es sich ausreichend anfühlen, nur einen einzigen Absatz zu lesen. An anderen Tagen tauchen Sie vielleicht eifrig in die Techniken und Übungen ein und möchten sie alle auf einmal ausprobieren. Das Tempo, das sich für dich richtig anfühlt, ist das richtige Tempo. Das ist deine Zeit, dein Raum, deine Heilung.

Wenn wir diese Reise gemeinsam beginnen, möchte ich, dass ihr wisst, dass ihr nicht allein seid. Unzählige andere sind diesen Weg vor dir gegangen, und obwohl deine Geschichte einzigartig ist, werden die Hoffnung und die Heilung, die du suchst, von vielen geteilt. Gemeinsam werden wir die Wege erkunden, wie du dich wieder mit dir selbst verbinden, deine innere Stärke zurückgewinnen und mit einem neuen Gefühl der Hoffnung und Möglichkeiten vorangehen kannst. Lassen Sie dieses Buch Ihr Führer, Ihr Begleiter und Ihre Erinnerung daran sein, dass Sie nicht nur überleben, sondern auch gedeihen können. Die Heilung von einem Trauma ist nicht einfach, aber es ist absolut möglich. Du hast alles, was du brauchst, in dir, und es ist mir eine Ehre, an deiner Seite zu gehen, während du diese Wahrheit für dich selbst entdeckst.

Einleitung

Willkommen auf Ihrer Heilungsreise

Trauma ist eine Erfahrung, die den Geist, den Körper und die Emotionen überwältigt und dich hilflos, unsicher und abgekoppelt zurücklässt. Sie kann durch eine Vielzahl von Ereignissen verursacht werden, von körperlicher Misshandlung und emotionaler Vernachlässigung bis hin zu Unfällen oder dem plötzlichen Verlust eines geliebten Menschen. Traumata entstehen nicht nur durch Extremereignisse wie Krieg oder Naturkatastrophen; Selbst Erfahrungen, die anderen klein erscheinen, können eine tiefgreifende Wirkung haben. Was zählt, ist, wie du dich durch das Ereignis gefühlt hast – ob es dich überwältigt, verängstigt oder machtlos zurückgelassen hat. In seiner einfachsten Form ist Trauma alles, was Geist und Körper als zu viel empfinden, um damit umzugehen.

Wenn ein Trauma auftritt, bleibt es nicht nur als ferne Erinnerung in deinem Gedächtnis. Es lebt in deinem Körper und prägt die Art und Weise, wie du denkst, fühlst und körperlich auf die Welt um dich herum reagierst. Trauma beeinflusst das Gehirn auf tiefgreifende Weise, insbesondere die Bereiche, die für die Verarbeitung von Angst, Erinnerung und Emotionen verantwortlich sind. Der Teil Ihres Gehirns, der als Amygdala bekannt ist und oft als "Alarmsystem" des Gehirns bezeichnet wird, wird hyperaktiv, wenn Sie ein Trauma erleben. Es läuft auf Hochtouren und scannt Ihre Umgebung ständig auf Gefahren, auch wenn keine echte Bedrohung vorhanden ist. Aus diesem Grund fühlen sich viele Traumaüberlebende nervös oder ängstlich, als ob jeden Moment etwas Schlimmes passieren könnte.

Gleichzeitig hat der präfrontale Kortex, der Ihnen hilft, rationale Entscheidungen zu treffen und Ihre Emotionen zu beruhigen, Schwierigkeiten, richtig zu funktionieren. Aus diesem Grund kann es sich fast unmöglich anfühlen, sich nach einem traumatischen Erlebnis aus Angst oder Panik "herauszureden". Der rationale Teil Ihres Gehirns hat nicht die volle Kontrolle – Ihre Überlebensinstinkte sind es. In der Zwischenzeit kann auch der Hippocampus, der hilft, Erinnerungen zu organisieren und zu speichern, gestört werden. Das ist der Grund, warum ein Trauma oft mit fragmentierten oder unzusammenhängenden Erinnerungen zurücklässt, in denen bestimmte Details klar sind, aber das Gesamtereignis neblig oder desorientiert wirkt.

Ein Trauma wirkt sich nicht nur auf Ihr Gehirn aus. Es wirkt sich auch stark auf Ihr Nervensystem aus. Das Nervensystem hat zwei Hauptzustände – Kampf oder Flucht, der Sie darauf vorbereitet, sich der Gefahr zu stellen oder ihnen zu entkommen, und Ruhe und Verdauung, die es Ihnen ermöglicht, sich zu entspannen und zu erholen. Wenn Sie ein Trauma erleben, bleibt Ihr Körper oft im Kampf-oder-Flucht-Modus stecken und ist nicht in der Lage, vollständig in einen Zustand der Ruhe zurückzukehren. Selbst wenn die unmittelbare Gefahr vorüber ist, bleibt Ihr Körper in höchster Alarmbereitschaft. Dies kann zu einer Reihe von Symptomen führen, darunter chronische Angstzustände, Schlafstörungen oder das Gefühl, nervös und leicht zu erschrecken. Im Laufe der Zeit kann dieser ständige Stresszustand Ihren Körper zermürben, was zu Erschöpfung und Burnout führt.

Für viele Menschen manifestiert sich ein Trauma als chronischer Stress, der sowohl ihre geistige als auch ihre körperliche Gesundheit beeinträchtigt. Das liegt daran, dass Trauma nicht nur etwas ist, das in der Vergangenheit passiert; Es verweilt im Körper, spannt die Muskeln an, beschleunigt die Herzfrequenz und erzeugt ein Gefühl des Unbehagens. Möglicherweise bemerken Sie Verspannungen in Ihren Schultern, Ihrem Nacken oder Ihrem Rücken, die einfach nicht verschwinden, oder Sie haben Kopfschmerzen, Magenprobleme oder Brustschmerzen ohne klare medizinische Ursache. Diese körperlichen Symptome sind die Art und Weise, wie Ihr Körper das ungelöste

Trauma ausdrückt, das in Ihnen gespeichert ist. Es ist, als ob dein Körper immer noch das Gewicht der Erfahrung trägt, selbst wenn dein Geist versucht, sich weiterzubewegen.

Die Verbindung zwischen Geist und Körper wird besonders deutlich, wenn man bedenkt, wie ungelöste Traumata Ängste schüren können. Angst ist im Wesentlichen Ihr Gehirn und Ihr Körper, die in einer Schleife aus Angst und Hypervigilanz gefangen sind. Nach einem Trauma bereitet sich Ihr Nervensystem ständig auf das Schlimmste vor, auch wenn keine unmittelbare Bedrohung besteht. Diese anhaltende Angst kann dazu führen, dass Sie sich ausgelaugt und von sich selbst und anderen getrennt fühlen. Vielleicht hast du das Gefühl, dass du immer einen Schritt davon entfernt bist, auseinanderzufallen, oder als würde dein Körper seinen Motor aufheulen lassen, selbst wenn du still stehst.

Körperliche Schmerzen sind eine weitere häufige Manifestation von Traumata. Dies kann daran liegen, dass Ihr Körper als Reaktion auf ein Trauma an Spannungen festhält, um sich zu schützen. Die Muskeln bleiben angespannt, die Gelenke können sich steif anfühlen und Sie können chronische Schmerzzustände wie Fibromyalgie oder andere stressbedingte Beschwerden entwickeln. Der Körper ist unglaublich widerstandsfähig, aber wenn er ständig unter Stress steht, beginnt er sich abzunutzen. Die natürlichen Systeme des Körpers – wie Verdauung, Immunfunktion und Schlaf – können gestört werden, so dass Sie sich müde, krank oder erschöpft fühlen.

Was ein Trauma besonders komplex macht, ist, dass es für die Person, die es erlebt, nicht immer offensichtlich ist. Viele Menschen gehen durchs Leben und denken, dass es einfach "normal" ist, sich ängstlich, gestresst oder körperlich unwohl zu fühlen. Sie verbinden diese Gefühle vielleicht nicht mit einer traumatischen Erfahrung aus ihrer Vergangenheit. Aber egal, ob das Trauma groß oder klein ist, es hinterlässt seine Spuren. Und bis es angegangen wird, kann es Ihren Körper und Geist weiterhin auf eine Weise beeinflussen, die nichts damit zu tun zu haben scheint, wie z. B. chronische Krankheiten, Stimmungsschwankungen oder Konzentrationsstörungen.

Die Heilung von Traumata erfordert das Verständnis, wie tief es sowohl den Geist als auch den Körper beeinflusst. Du kannst dich nicht einfach herausdenken oder dich selbst dazu verpflichten, dich besser zu fühlen. Traumata müssen auf körperlicher Ebene verarbeitet werden, mit Techniken, die dir helfen, dich wieder mit deinem Körper zu verbinden und ein Gefühl der Sicherheit in dir wiederherzustellen. Erst dann kann sich das Nervensystem zu beruhigen beginnen, und das Gehirn kann beginnen, sich von der Angst weg und hin zur Heilung neu zu verdrahten.

Warum die somatische Therapie funktioniert: Heilung durch den Körper

Die somatische Therapie basiert auf dem Verständnis, dass Trauma nicht nur in unserem Kopf lebt, sondern in unserem Körper. Wenn wir etwas Traumatisches erleben, vor allem über einen längeren Zeitraum oder in verletzlichen Lebensphasen, geht unser Körper in den Überlebensmodus. Die natürliche Reaktion des Körpers auf Gefahr ist die Kampf-, Flucht- oder Erstarrungsreaktion. Dies ist ein instinktiver, automatischer Prozess, der das System mit Stresshormonen wie Adrenalin und Cortisol überflutet und uns darauf vorbereitet, auf die wahrgenommene Bedrohung zu reagieren. Im Moment eines Traumas können diese Reaktionen unser Leben retten. Wenn der Körper jedoch überfordert und nicht in der Lage ist, das traumatische Ereignis vollständig zu verarbeiten, speichert er die körperlichen und emotionalen Auswirkungen dieser Erfahrung in sich. Hier kommt die somatische Therapie ins Spiel: Sie nutzt den Körper als Tor, um dieses gespeicherte Trauma loszulassen und uns zu helfen, von innen heraus zu heilen.

Im Kern geht es bei der somatischen Therapie darum, dass sich der Körper erinnert. Selbst wenn unser Bewusstsein versucht, zu vergessen oder weiterzumachen, hält der Körper an dem Trauma fest, und zwar auf eine Weise, die sich als chronische Anspannung, Angst und andere Symptome einer posttraumatischen Belastungsstörung (PTBS) manifestieren kann. Das kann passieren, ohne dass wir es merken. Vielleicht spürst du einen Knoten in deinem Bauch, wenn dich etwas an ein vergangenes Ereignis erinnert, oder deine Schultern spannen sich in Stressmomenten an, und doch ist die Verbindung zwischen diesen körperlichen Empfindungen und deinem vergangenen Trauma möglicherweise nicht sofort klar. Der Körper arbeitet oft still im Hintergrund und versucht, dich zu schützen, indem er an diesen Erinnerungen und Emotionen festhält, auch wenn sie nicht mehr hilfreich sind.

Die Wissenschaft hinter der somatischen Therapie ist tief in der Funktionsweise des Nervensystems verwurzelt. Ein Trauma stört das natürliche Gleichgewicht des autonomen Nervensystems, das viele der wesentlichen Funktionen unseres Körpers reguliert, darunter die Herzfrequenz, die Verdauung und die Stressreaktion. Insbesondere ein Trauma lässt uns oft in einem Zustand erhöhter Erregung stecken, der als Hypervigilanz bekannt ist, oder in einem Zustand des Herunterfahrens, in dem wir uns getrennt und taub fühlen. Die somatische Therapie hilft, das Gleichgewicht dieses Systems wiederherzustellen. Durch sanfte Bewegungen, Atemübungen und Körperwahrnehmungstechniken schafft es eine Möglichkeit für das Nervensystem, sich selbst zu regulieren. Diese Praktiken helfen, den Körper aus einem ständigen Zustand von "Kampf oder Flucht" herauszuholen und an einen Ort zu bringen, an dem Heilung stattfinden kann.

Eines der mächtigsten Werkzeuge in der somatischen Therapie ist zum Beispiel die Erdung. Erdung bedeutet, die Aufmerksamkeit auf den gegenwärtigen Moment zu lenken, indem man sich auf körperliche Empfindungen im Körper konzentriert. Dies kann so einfach sein, wie das Gefühl, dass die Füße fest auf dem Boden stehen, oder das Gefühl, dass sich der Atem in die Lungen ein- und ausströmt. Diese Techniken mögen einfach erscheinen, aber sie sind unglaublich effektiv bei der Beruhigung des Nervensystems. Wenn wir geerdet sind, beginnt unser Körper, sich aus dem Kampf-oder-Flucht-Zustand herauszubewegen und wieder in den sogenannten "Ruhe und Verdauung"-Zustand zu wechseln, in dem wahre Heilung stattfinden kann. Die Erdung hilft, den Körper daran zu erinnern, dass er in diesem Moment sicher ist.

Ein weiterer wichtiger Aspekt der somatischen Therapie ist das Lösen der Anspannung und Energie, die der Körper seit dem Auftreten des Traumas festgehalten hat. In Momenten des Traumas stemmt sich der Körper oft an, die Muskeln spannen sich an und Energie baut sich im System auf, um sich auf die Aktion vorzubereiten. Aber wenn diese Energie nicht entladen wird – weil wir nicht in der Lage waren zu rennen, zu kämpfen oder anderweitig zu reagieren –, hält unser Körper sie fest. Somatische Techniken, wie achtsame Bewegung oder Schütteln, helfen dabei, diese eingeschlossene Energie auf sichere und kontrollierte

Weise freizusetzen. Ein somatischer Therapeut könnte Sie zum Beispiel durch eine sanfte Schüttelübung führen, die die natürliche Reaktion des Körpers auf Stressabbau nachahmt und Ihnen hilft, die Energie zu entladen, die seit dem Trauma gespeichert wurde. Dies hilft nicht nur, das Nervensystem zu beruhigen, sondern ermöglicht es dem Körper auch, den Prozess abzuschließen, den er während des traumatischen Ereignisses begonnen hat.

Die somatische Therapie konzentriert sich auch auf die Bedeutung des Körperbewusstseins. Ein Trauma kann dazu führen, dass wir uns von unserem Körper getrennt fühlen, als ob wir über uns selbst schweben oder in einem Nebel stecken bleiben. Diese Dissoziation ist ein natürlicher Schutzmechanismus, wenn sich der Schmerz zu stark anfühlt, aber sie erschwert auch die vollständige Heilung. Durch die somatische Therapie werden Sie ermutigt, sich auf kleine, überschaubare Weise wieder auf Ihren Körper einzustimmen. Vielleicht fängst du damit an, einfach zu bemerken, wie sich dein Körper anfühlt, wenn du liegst oder sitzt. Mit der Zeit, wenn du dich mit den Signalen deines Körpers wohler fühlst, kannst du beginnen, tiefere Empfindungen und Emotionen zu erforschen. Diese Wiederverbindung ermöglicht es Ihnen, ein Gefühl der Sicherheit in Ihrem eigenen Körper zu entwickeln, das für die Heilung von Traumata entscheidend ist.

Einer der wichtigsten Aspekte der somatischen Therapie ist, dass sie sich im Tempo des Körpers bewegt. Traumaüberlebende fühlen sich oft unter Druck gesetzt, "darüber hinwegzukommen" oder weiterzumachen, aber die somatische Therapie überstürzt den Prozess nicht. Es erkennt, dass Heilung Zeit braucht und dass der Körper weiß, wann er bereit ist, das Trauma zu lösen. Durch die Arbeit mit dem Körper und nicht gegen ihn schafft die somatische Therapie eine sichere, nährende Umgebung, in der eine tiefe Heilung stattfinden kann. Der Prozess kann beinhalten, gespeicherte Spannungen zu lösen, Emotionen auszudrücken, die zu lange festgehalten wurden, oder sich einfach zu erlauben, sich zum ersten Mal seit langer Zeit geerdet und präsent zu fühlen.

Im Wesentlichen hilft die somatische Therapie dem Körper, sein natürliches Gleichgewicht wiederherzustellen. Es bietet Werkzeuge, die das Nervensystem beruhigen, die Symptome von PTBS, Stress und Angstzuständen reduzieren und einen Weg bieten, das Trauma zu verarbeiten, das der Verstand allein möglicherweise nicht erreichen kann. Durch die Fokussierung auf die angeborene Weisheit des Körpers und seine Fähigkeit zu heilen bietet die somatische Therapie einen Weg zur Genesung, der sich sowohl sanft als auch stärkend anfühlt.

Ihre Heilungsreise beginnt hier: Ein mitfühlender Ansatz

Die Heilung von Traumata ist eine zutiefst persönliche Reise, und ich möchte Sie einladen, sie mit der Sanftheit und dem Mitgefühl anzugehen, die Sie verdienen. Während du dich durch die Kapitel dieses Buches bewegst, solltest du wissen, dass du kraftvolle Schritte unternimmst, um ein Gefühl von Frieden, Sicherheit und Kontrolle über deinen eigenen Körper zurückzugewinnen. Der Weg, der vor uns liegt, mag manchmal entmutigend erscheinen, aber ich möchte, dass du dich daran erinnerst: Du wirst nicht durch dein Trauma definiert, und der Weg zur Heilung ist nicht etwas, das du alleine gehen musst.

Die somatische Therapie bietet eine einzigartige und stärkende Möglichkeit, sich wieder mit sich selbst zu verbinden, insbesondere nachdem Sie die Trennung erlebt haben, die ein Trauma so oft mit sich bringt. Ein Trauma kann uns das Gefühl geben, dass unser Körper nicht mehr sicher ist, als ob das Gefäß, das uns hält, kompromittiert wurde. Aber durch somatische Praktiken lernen wir, dass der Körper nicht nur Zeuge von Schmerz ist – er ist auch der Schlüssel zur Heilung. Die somatische Therapie führt Sie sanft zu sich selbst zurück und hilft Ihnen zu verstehen, dass Ihr Körper die Kraft hat, Sie zu heilen, wiederherzustellen und zu schützen.

Eines der wichtigsten Dinge, die du von dieser Reise mitnehmen sollst, ist die Notwendigkeit des

Selbstmitgefühls. Heilung geschieht nicht auf einmal, und sie folgt sicherlich nicht einer geraden Linie. Es wird Tage geben, an denen du das Gefühl hast, große Fortschritte zu machen, und andere, an denen sich alte Erinnerungen oder Empfindungen überwältigend anfühlen. Das ist okay. Das ist alles Teil des Prozesses. Die somatische Therapie ermutigt Sie, zu ehren, wo Sie sich in einem bestimmten Moment befinden – auf Ihren Körper zu hören, mit ihm präsent zu sein und alle aufkommenden Gefühle ohne Urteil zuzulassen. Betrachte es als ein Gespräch zwischen dir und deinem Körper, in dem du dir endlich die Erlaubnis gibst, das zu fühlen und darauf zu reagieren, was so lange vergraben war.

Es ist wichtig, auch mit sich selbst Geduld zu haben. Die Wiederherstellung von Traumata, insbesondere durch somatische Methoden, ist keine schnelle Lösung. Es ist ein allmähliches Entwirren der Spannungen und Angst, die sich in dir festgesetzt haben, und es erfordert die Bereitschaft, dich in deinem eigenen Tempo zu bewegen. Es gibt keine Eile, und es gibt sicherlich keinen Druck, "es richtig zu machen". Tatsächlich ist eine der tiefgreifendsten Lektionen der somatischen Therapie, dass Heilung in den kleinen, subtilen Momenten geschieht, in denen Sie sich in Ihrem Körper ein wenig sicherer fühlen. Jeder Atemzug, jede Bewegung, jede achtsame Praxis fügt deiner Erfahrung von dir selbst eine Schicht Sicherheit und Vertrauen zurück.

Was die somatische Therapie so kraftvoll macht, ist, dass sie Ihnen Werkzeuge an die Hand gibt, um die unvorhersehbaren Wellen des Traumas zu bewältigen. Wenn Flashbacks, Ängste oder Stress die Oberhand zu gewinnen drohen, helfen Ihnen somatische Techniken wie Erdung, Atmung und achtsame Bewegung, Halt zu finden. Sie lehren dich, präsent zu sein, dich selbst zu beruhigen und die Kontrolle zurückzugewinnen, wenn sich die Dinge chaotisch anfühlen. Das Schöne an diesen Übungen ist, dass sie dir immer zur Verfügung stehen – egal, ob du dich mitten in einer stressigen Situation befindest oder still über dich selbst nachdenkst. Sie helfen dir, dich im Hier und Jetzt zu verankern und erinnern dich daran, dass deine Vergangenheit dich zwar geformt hat, dich aber nicht definieren muss.

Wenn Sie beginnen, diese Techniken zu erforschen, ermutige ich Sie, offen für die Idee der Möglichkeiten zu bleiben. Die Fähigkeit des Körpers zu heilen ist unglaublich, selbst wenn ein Trauma dein inneres Gefühl verändert hat. Durch die somatische Therapie haben viele Menschen ein Gefühl von Frieden und Sicherheit wiedergefunden, das sie einst für immer verloren glaubten. Vielleicht entdeckst du Momente der Ruhe, wo einst Angst war, oder ein Gefühl der Ermächtigung, wo einst Hilflosigkeit war. Das sind die Siege, die am wichtigsten sind. Und sie kommen nicht, indem du dich zur Heilung zwingst, sondern indem du dir sanft erlaubst, dich wieder sicher zu fühlen, Schritt für Schritt.

Jede Praxis, mit der du dich beschäftigst, sei es das tiefe Durchatmen in einem schwierigen Moment oder das Einstellen auf die Bedürfnisse deines Körpers nach einem stressigen Tag, ist ein Schritt zur Wiederherstellung deiner Beziehung zu dir selbst. Mit der Zeit beginnen sich diese kleinen Praktiken anzuhäufen. Nach und nach helfen sie dir, die Kontrolle über deinen eigenen Körper und dein Leben zurückzugewinnen und Raum für die Möglichkeit des Friedens zu schaffen. Je mehr du dich mit diesen Techniken beschäftigst, desto mehr wirst du bemerken, dass das intensive Grifftrauma, das du einst über dich hattest, sich zu lockern beginnt. Die Empfindungen, die einst Angst und Panik auslösten, werden allmählich leichter zu bewältigen sein, und mit der Zeit wirst du ein wachsendes Gefühl der Ruhe spüren.

Denke daran, dass es bei der Heilung nicht darum geht, deine Vergangenheit auszulöschen – es geht darum, eine Zukunft aufzubauen, in der du dich wieder ganz fühlen kannst. Mit Geduld, Selbstmitgefühl und den kraftvollen Werkzeugen, die die somatische Therapie bietet, werden Sie feststellen, dass diese Zukunft nicht nur möglich, sondern vollständig in Ihrer Reichweite ist. Lassen Sie sich von diesem Buch leiten, aber noch wichtiger ist, vertrauen Sie darauf, dass Ihr Körper den Weg nach vorne kennt.

Kapitel 1

Trauma und der Körper – Was Sie wissen müssen

Trauma wirkt sich nicht nur auf den Geist aus; Es hinterlässt auch seine Spuren im Körper, oft auf eine Weise, die wir nicht vollständig verstehen, bis wir innehalten und zuhören. Unsere Körper sind komplizierte Geschichtenerzähler, die an den Erfahrungen und Emotionen festhalten, die wir durchgemacht haben, ob wir uns dessen bewusst sind oder nicht. Wenn wir an ein Trauma denken, stellen wir uns oft den emotionalen Schmerz vor, den es mit sich bringt – Angst, Angst, Traurigkeit. Aber Traumata sind auch tief in unseren Muskeln, Organen und unserem Nervensystem verankert und manifestieren sich in einer Reihe von körperlichen und emotionalen Anzeichen, die noch lange nach dem traumatischen Ereignis nachwirken können. Diese Anzeichen sind nicht zufällig; Sie sind die Art und Weise, wie der Körper versucht, mit dem Leid, das er erlitten hat, fertig zu werden, sich davor zu schützen und ihm einen Sinn zu geben.

Eine der häufigsten Arten, wie sich Traumata im Körper zeigen, sind chronische Schmerzen. Ob es sich um anhaltende Rückenschmerzen, Spannungskopfschmerzen oder unerklärliche Schmerzen handelt, diese Symptome haben oft Wurzeln in ungelösten Traumata. Stellen Sie sich vor, wie der Körper auf natürliche Weise auf Angst reagiert – Ihre Muskeln spannen sich an, Ihre Schultern beugen sich, Ihr Kiefer presst sich zusammen. Im Laufe der Zeit, wenn der Körper in diesem Zustand höchster Alarmbereitschaft bleibt, können sich diese körperlichen Reaktionen verfestigen. Muskelverspannungen können zu einem ständigen Begleiter werden, der den Körper in Muster von Verspannungen und Beschwerden einsperrt. Traumata können auch die natürlichen Rhythmen des Körpers stören und zu Verdauungsproblemen wie Reizdarmsyndrom oder chronischen Magenbeschwerden führen, da der Darm – das "zweite Gehirn" des Körpers – sehr empfindlich auf emotionalen Stress reagiert.

Müdigkeit ist ein weiteres Zeichen dafür, dass das Trauma immer noch im Körper gehalten wird. Das Leben in einem Zustand anhaltenden Stresses zehrt an

Ihren Energiereserven. Der Körper, gefangen in einem ständigen Kampf-oder-Flucht-Modus, wird erschöpft, weil er ständig nervös ist. Diese Art von Müdigkeit geht über das Bedürfnis nach einer guten Nachtruhe hinaus; Es ist eine tiefe, knochenmüde Erschöpfung, die davon herrührt, dass der Körper zu lange im Überlebensmodus war. Es ist, als würde Ihr gesamtes System sagen: "Ich kann nicht mehr davor weglaufen."

Emotional kann sich ein Trauma auf verschiedene Weise manifestieren. Hypervigilanz ist eines der aussagekräftigsten Anzeichen. Wenn Sie ein Trauma erlebt haben, bleibt Ihr Nervensystem in höchster Alarmbereitschaft und sucht nach Gefahren, auch wenn keine vorhanden sind. Das kann sich so anfühlen, als würdest du dich immer darauf vorbereiten, dass etwas Schlimmes passiert, was es schwierig macht, dich zu entspannen oder dich sicher zu fühlen. Es kann sein, dass Sie sich von lauten Geräuschen erschrecken, übermäßig empfindlich auf Ihre Umgebung reagieren oder ständig über Ihre Schulter schauen. Dieser erhöhte Bewusstseinszustand ist die Art und Weise, wie dein Körper dich schützt, aber mit der Zeit wird er anstrengend und trennt dich vom gegenwärtigen Moment.

Dissoziation ist eine weitere Möglichkeit, wie der Körper mit Traumata umgeht. Es ist ein Schutzmechanismus, fast so, als würde dein Geist deinen Körper für eine Weile verlassen, weil sich der gegenwärtige Moment zu unerträglich anfühlt, um sich dem zu stellen. Wenn sich jemand dissoziiert, kann er sich von seiner Umgebung getrennt fühlen oder als würde er sich selbst von außen beobachten. Dieses Gefühl, von der Realität oder von den eigenen Emotionen losgelöst zu sein, ist die Art und Weise des Körpers, überwältigenden Schmerz zu betäuben. Es ist eine Überlebenstechnik, aber wie alle Traumareaktionen ist sie nicht nachhaltig und kann dazu führen, dass Sie sich desorientiert und von sich selbst entfremdet fühlen.

Emotionale Taubheit geht oft mit Dissoziation einher. Nach einem Trauma stellst du vielleicht fest, dass du keine Freude, Traurigkeit oder starke Emotionen mehr empfinden kannst. Es ist, als ob dein emotionales Volumen ganz heruntergedreht wurde, um weitere Schmerzen zu vermeiden. Während dies auf den ersten Blick wie eine Erleichterung erscheinen mag, kann es mit der Zeit dazu führen, dass Sie sich nicht nur von den schwierigen, sondern auch von den positiven Emotionen getrennt fühlen. Diese emotionale Flachheit ist die Art und Weise, wie der Körper versucht, dich vor weiterem Schaden zu schützen, aber sie kann dazu führen, dass sich das Leben langweilig und unerfüllend anfühlt.

All diese Symptome – ob physisch oder emotional – sind die Art und Weise, wie der Körper an vergangenen Traumata festhält. Ein Trauma hinterlässt Spuren, weil es eine überwältigende Erfahrung ist, auf die der Körper zu dem Zeitpunkt, als es geschah, nicht vorbereitet war. Anstatt sich also durch die Erfahrung zu bewegen, hält der Körper sie fest. Die Muskeln speichern

Spannungen, das Nervensystem bleibt in Alarmbereitschaft und die emotionalen Zentren des Gehirns werden entweder erhöht oder schalten sich ganz ab. Es ist, als wäre das Trauma in dir eingefroren und wartet darauf, aufgetaut zu werden. Und bis es losgelassen wird, bleiben diese körperlichen und emotionalen Zeichen bestehen und erinnern dich an eine Vergangenheit, die du vielleicht hinter dir lassen möchtest, die dein Körper aber immer noch in dir trägt.

Aus diesem Grund ist die somatische Therapie für die Traumabewältigung so wichtig. Es spricht diese tief verwurzelten Erfahrungen nicht einfach nur an, indem es darüber spricht, sondern indem es direkt mit dem Körper arbeitet, dem Ort, an dem sich das Trauma befindet. Zu verstehen, dass diese Symptome nicht zufällig oder "alles in deinem Kopf" sind, ist der erste Schritt zur Heilung. Dein Körper versucht, mit dir zu kommunizieren, und durch sanfte, mitfühlende somatische Übungen kannst du beginnen, zuzuhören, loszulassen und schließlich ein Gefühl des Friedens in deinem Körper und Geist zurückzugewinnen.

Das Nervensystem verstehen: Kampf, Flucht, Erstarren

Wenn wir auf ein traumatisches Ereignis stoßen, besteht die natürliche Reaktion unseres Körpers darin, das Nervensystem auf eine Weise zu aktivieren, die uns auf das Überleben vorbereitet. Dies wird oft als Kampf-,

Flucht- oder Erstarrungsreaktion bezeichnet, eine Reihe von instinktiven Verhaltensweisen, die uns in Momenten der Gefahr schützen sollen. Stell dir vor, du befindest dich in einer Situation, in der du dich bedroht fühlst – dein Herz rast, dein Atem beschleunigt sich und deine Muskeln spannen sich an. Diese physiologischen Veränderungen sind Teil eines tief verwurzelten Überlebensmechanismus, der sich über Jahrtausende entwickelt hat.

Lassen Sie uns diese Antworten etwas genauer aufschlüsseln. Die Kampfreaktion ist die Art und Weise, wie sich unser Körper darauf vorbereitet, der Bedrohung direkt zu begegnen. Es ist eine durchsetzungsfähige, kraftvolle Reaktion, bei der wir einen Adrenalinstoß spüren können, der uns Kraft und Energie gibt, uns entweder zu verteidigen oder die Kontrolle über die Situation zu übernehmen. Im Gegensatz dazu bereitet uns die Fluchtreaktion darauf vor, zu fliehen oder vor Gefahren zu fliehen. Es löst einen Energieschub aus, der es uns ermöglicht, schneller zu laufen, uns schnell zu bewegen und dem wahrgenommenen Schaden zu entkommen. Und schließlich gibt es noch die Erstarrungsreaktion, die sich in der Hitze des Gefechts manchmal wie ein Paradoxon anfühlen kann. In diesem Zustand immobilisiert sich der Körper im Wesentlichen selbst. Es ist, als hätten wir eine Pause-Taste gedrückt, oft ein letzter Ausweg, wenn Kampf oder Flucht nicht praktikabel erscheinen. Dies kann besonders ergreifend in Situationen sein, in denen sich Individuen völlig hilflos fühlen, wie z. B. in Fällen von Missbrauch oder überwältigender Angst.

Diese Reaktionen können kurzfristig unglaublich effektiv sein und es uns ermöglichen, schnell auf Gefahren zu reagieren und traumatische Begegnungen zu überstehen. Die Herausforderung entsteht jedoch, wenn diese Überlebensmechanismen im Körper stecken bleiben. Nachdem die unmittelbare Bedrohung vorüber ist, kann unser Nervensystem manchmal in einem erhöhten Alarmzustand verharren. Dies ist besonders häufig bei Personen der Fall, die ein Trauma erlebt haben. Dem Körper, der eine Phase extremen Stresses durchgemacht hat, kann es schwierig sein, sich zurückzusetzen und in einen Zustand der Ruhe zurückzukehren. Stattdessen hält es an den Überresten des Traumas fest und verursacht anhaltenden Stress und Angstzustände.

Stellen Sie sich Ihr Nervensystem als ein fein abgestimmtes Instrument vor. Wenn ein Trauma zuschlägt, kann es sich anfühlen, als wäre das Instrument verstimmt, und das Echo dieser Dissonanz klingt noch lange nach dem Ereignis nach. Infolgedessen können alltägliche Situationen Reaktionen hervorrufen, die unverhältnismäßig erscheinen und dem Einzelnen das Gefühl geben, auch dann noch in Gefahr zu sein, wenn er in Sicherheit ist. Dies kann sich in einer erhöhten Stressempfindlichkeit, chronischen Angstzuständen oder einem allgegenwärtigen Gefühl des Unbehagens äußern, das das tägliche Leben prägt.

Es ist auch erwähnenswert, dass die Erstarrungsreaktion zu Gefühlen der Trennung oder Taubheit führen kann, was es dem Einzelnen schwer macht, sich voll und ganz auf seine Emotionen oder seine Umgebung einzulassen. Viele stecken in einer Schleife fest und oszillieren zwischen Übererregung (wo sie übermäßig wach und reaktiv sind) und Dissoziation (wo sie sich von ihrem Körper oder ihrer Realität getrennt fühlen). Diese Fluktuation kann einen herausfordernden Kreislauf in Gang setzen, der sie lange nach dem Abklingen der unmittelbaren Bedrohung in einem Zustand des Überlebensmodus gefangen hält.

Das Verständnis dieser Reaktionen und ihrer Auswirkungen auf den Körper ist für jeden auf dem Weg zur Genesung von entscheidender Bedeutung. Es beleuchtet, warum bestimmte Auslöser intensive Reaktionen hervorrufen können, und hilft uns zu erkennen, dass diese Gefühle, auch wenn sie unangenehm sind, gültige Reaktionen auf unsere Erfahrungen sind. Bei der Heilung geht es darum, zu lernen, sich in dieser komplexen Landschaft von Emotionen und Empfindungen zurechtzufinden und Wege zu finden, das Nervensystem sanft wieder an einen Ort des Gleichgewichts und der Ruhe zu führen. Mit den richtigen Werkzeugen und Praktiken können wir beginnen, diese festgefahrenen Reaktionen loszulassen und den Weg für ein friedlicheres und ermächtigteres Leben zu ebnen.

Wie die somatische Therapie hilft, gespeicherte Traumata zu lösen

Die somatische Therapie geht davon aus, dass Trauma nicht nur ein psychologisches Phänomen ist; Es ist tief in unserem Körper verankert. Wenn wir ein Trauma erleben, sei es ein einzelnes Ereignis oder eine Reihe von belastenden Erfahrungen, reagiert unser Körper instinktiv. Dies kann sich in einem Adrenalinstoß, einer erhöhten Herzfrequenz oder dem Gefühl äußern, an Ort und Stelle eingefroren zu sein. Diese körperlichen Reaktionen sind überlebenswichtig, aber wenn die Bedrohung vorüber ist, bleibt die verbleibende Energie oft in unseren Muskeln, Geweben und Nervensystemen gefangen. Diese unverarbeitete Energie kann zu einer Reihe von Problemen führen, von chronischen Schmerzen und Verspannungen bis hin zu Angstzuständen und Depressionen. Die Bewältigung von Traumata erfordert also mehr als nur eine Gesprächstherapie; Es erfordert einen ganzheitlichen Ansatz, der die Rolle des Körpers im Heilungsprozess würdigt.

Im Kern ermutigt uns die somatische Therapie, auf unseren Körper zu hören und die Botschaften zu erkennen, die er sendet. Es lädt uns ein, körperliche Empfindungen zu erforschen – diese engen Knoten in unserem Bauch oder die Schwere in unserer Brust – als

Tore zum Verständnis unserer emotionalen Erfahrungen. Eine der wichtigsten Methoden, dieses gespeicherte Trauma loszulassen, ist die sanfte, achtsame Bewegung. Einfache Übungen wie Schütteln oder Tanzen können die natürliche Freisetzung von aufgestauter Energie erleichtern. Stell dir vor, du stehst in einem bequemen Raum, lässt deinen Körper frei bewegen und lässt vielleicht sogar deine Arme und Beine zittern, als wärst du eine Stoffpuppe. Diese unstrukturierte Bewegung kann Ihnen helfen, auf Gefühle und Empfindungen zuzugreifen, die lange verschüttet waren, und ein Gefühl der Befreiung und Leichtigkeit fördern.

Atemarbeit ist ein weiterer Eckpfeiler der somatischen Praxis, der die Art und Weise, wie wir Traumata verarbeiten, tiefgreifend beeinflussen kann. Unser Atem ist eng mit unserem emotionalen Zustand verbunden; Wenn wir gestresst oder ängstlich sind, neigt unsere Atmung dazu, flach und schnell zu werden. Im Gegensatz dazu kann tiefes, bewusstes Atmen helfen, uns zu erden und gespeicherte Spannungen zu lösen. Eine einfache Übung, die Sie ausprobieren können, ist der "4-7-8-Atemzug": Atmen Sie tief ein, zählen Sie bis vier, halten Sie den Atem sieben Mal lang an und atmen Sie dann acht Mal langsam aus. Diese rhythmische Atmung beruhigt nicht nur das Nervensystem, sondern schafft auch Raum in Ihrem Körper und lädt zum Freisetzen eingeschlossener Energie ein. Du wirst vielleicht feststellen, dass beim Üben dieser Technik emotionale Empfindungen an die Oberfläche kommen, die dir die Möglichkeit bieten, zu verarbeiten und loszulassen.

Körperwahrnehmungsübungen können auch eine entscheidende Rolle bei der Entschlüsselung von Traumata spielen. Indem wir uns auf bestimmte Bereiche des Körpers einstellen, in denen die Spannung aufrechterhalten wird, können wir einen Dialog mit uns selbst beginnen, der zum Loslassen anregt. Eine Übung besteht darin, einen ruhigen Platz zu finden, an dem man bequem sitzen oder liegen kann. Konzentriere dich auf einen Teil deines Körpers, der sich angespannt oder unangenehm anfühlt – vielleicht deine Schultern oder deinen unteren Rücken. Während du in diesen Bereich atmest, visualisiere, wie Wärme und Licht hereinströmen und jeden Griff der Spannung lösen. Vielleicht möchten Sie den Bereich sogar sanft massieren oder mit den Händen Druck ausüben, damit Sie sich von den Empfindungen leiten lassen. Während du Raum für dieses Unbehagen hältst, achte auf alle Emotionen oder Erinnerungen, die auftauchen. Diese Praxis fördert ein tiefes Gefühl der Verbundenheit mit Ihrem Körper und fördert das Loslassen von emotionalem Gewicht.

Erdungsübungen sind unerlässlich, um nach den oft turbulenten Gefühlen, die bei somatischen Übungen aufkommen, wieder an einen Ort der Sicherheit und Stabilität zurückzukehren. Eine effektive Erdungstechnik besteht darin, im Sitzen oder Stehen eine bequeme Position einzunehmen und sich auf die Füße zu konzentrieren. Spüren Sie den Boden unter

Ihnen, verbinden Sie sich mit seiner Festigkeit und Stütze. Stell dir Wurzeln vor, die sich von deinen Füßen tief in die Erde erstrecken und dich fest verankern. Während du dies tust, visualisiere, wie überschüssige Energie oder Spannung durch diese Wurzeln fließt, deinen Körper verlässt und sich im Boden auflöst. Diese Praxis hilft nicht nur, gespeicherte Traumata zu lösen, sondern stärkt auch ein Gefühl von Stabilität und Sicherheit, sodass Sie die Heilungsreise mit Zuversicht steuern können.

Die Einbeziehung von Bewegungspraktiken wie Yoga oder Tai Chi kann auch eine sanfte Möglichkeit bieten, im Körper gespeicherte Traumata zu lösen. Diese Disziplinen betonen Fluidität und Achtsamkeit und ermutigen Sie, sich mit den Rhythmen Ihres Körpers zu verbinden, während Sie sich durch den Raum bewegen. Achten Sie bei diesen Übungen darauf, wie bestimmte Haltungen mit Ihrem emotionalen Zustand in Resonanz stehen. Vielleicht ruft eine Vorwärtsbeuge Gefühle der Kapitulation hervor, während eine starke Kriegerpose ein Gefühl der Ermächtigung vermittelt. Indem du die körperlichen Empfindungen, die während dieser Bewegungen entstehen, ehrst, kannst du beginnen, das zu verarbeiten und loszulassen, was dir nicht mehr dient.

Letztendlich ist der Prozess des Lösens von gespeicherten Traumata durch somatische Therapie ein Tanz zwischen Bewusstsein, Bewegung und Atem. Es lädt Sie ein, Ihren Körper als wichtigen Partner auf Ihrer Heilungsreise zu umarmen, und bietet Ihnen einen Weg,

Ihre Energie zurückzugewinnen und Ihr Gefühl des Friedens wiederherzustellen. Wenn du dich auf diese Übungen einlässt, denke daran, dass es eine Reise ist – eine, die Geduld und Selbstmitgefühl erfordert. Jeder Schritt, den du unternimmst, um Traumata zu verstehen und loszulassen, ist ein Beweis für deine Widerstandsfähigkeit und dein Engagement für ein helleres, besser integriertes Selbst. Du navigierst nicht nur durch das Terrain des Traumas; Du nimmst aktiv an deiner eigenen Heilung teil, und das ist eine mächtige Sache.

POLYVAGALE THEORIE
Der Schlüssel zum Verständnis von Stressreaktionen

Lassen Sie uns in ein unglaublich faszinierendes Konzept eintauchen, das unser Verständnis davon, wie unser Körper auf Stress und Traumata reagiert, wirklich erhellen kann: die Polyvagal-Theorie. Im Kern konzentriert sich diese Theorie, die von Dr. Stephen Porges entwickelt wurde, auf den Vagusnerv, der eine Schlüsselrolle in unserem Nervensystem spielt. Stellen Sie sich den Vagusnerv als eine lange, gewundene Autobahn vor, die vom Gehirn über den Hals bis in die Brust und den Bauch verläuft und dabei verschiedene Organe miteinander verbindet. Es ist wie eine

Hauptschalttafel, die zwischen dem Gehirn und dem Körper kommuniziert und hilft, lebenswichtige Funktionen wie Herzfrequenz, Verdauung und unsere Stressreaktionen zu regulieren.

Wenn wir Stress oder Traumata erleben, reagiert unser Körper sehr instinktiv. Wir können in den Kampf-oder-Flucht-Modus wechseln und einen Adrenalinstoß spüren, während sich unser Körper darauf vorbereitet, sich der Gefahr zu stellen oder ihr zu entkommen. Diese Reaktion ist ein Schutzmechanismus, der sicherstellt, dass wir schnell auf Bedrohungen reagieren können. Wenn diese Stressoren jedoch überwältigend oder chronisch werden, kann unser Nervensystem in diesem erhöhten Alarmzustand stecken bleiben, was es schwierig macht, zu einem Ort der Ruhe zurückzukehren. Hier kommt die Polyvagaltheorie ins Spiel, da sie uns hilft, die verschiedenen Äste des Vagusnervs zu verstehen und zu verstehen, wie sie sich auf unsere Fähigkeit auswirken, Stress zu regulieren.

Die Theorie hebt drei Hauptzustände unseres Nervensystems hervor: den Zustand des sozialen Engagements, den sympathischen Zustand und den Abschaltzustand. Im Zustand des sozialen Engagements fühlen wir uns sicher und verbunden, was es uns ermöglicht, mit anderen zu interagieren, Emotionen auszudrücken und Beziehungen zu pflegen. Im Gegensatz dazu ist der sympathische Zustand, der dieser Kampf-oder-Flucht-Reaktion entspricht, der, in dem wir uns bedroht fühlen, was zu einer erhöhten Herzfrequenz und erhöhter Erregung führt. Schließlich ist der Abschaltzustand eine Reaktion auf überwältigenden Stress, bei dem sich der Körper eingefroren oder taub anfühlen kann. Das Verständnis dieser Zustände kann Sie in die Lage versetzen, zu erkennen, wo Sie sich in einem bestimmten Moment befinden und wie Sie Ihren Weg zurück in die Sicherheit finden können.

Nun, was hängt das alles mit der Traumabewältigung zusammen? Der Vagusnerv spielt eine entscheidende Rolle dabei, unsere Stressreaktionen zu regulieren und das Gefühl der Sicherheit wiederzufinden. Die somatische Therapie setzt hier an, indem sie den Vagusnerv sanft und unterstützend anspricht. Techniken wie tiefes Atmen, Erdungsübungen und achtsame Bewegungen können den Vagusnerv stimulieren und Ihrem Körper signalisieren, dass es sicher ist, sich zu entspannen und die Kampf-oder-Flucht-Reaktion loszulassen. Diese Praktiken laden Sie ein, sich wieder mit Ihrem Körper zu verbinden, und fördern ein Gefühl von Sicherheit und Präsenz, das nach einem Trauma oft verloren geht.

Wenn du somatische Übungen machst, bemerkst du vielleicht Veränderungen in deinem Körper – vielleicht eine Vertiefung deines Atems, eine allmähliche Erweichung der angespannten Muskeln oder ein Gefühl der Leichtigkeit, wenn dein Geist zur Ruhe kommt. Diese Verschiebungen sind starke Signale dafür, dass Ihr Körper beginnt, seine Stressreaktion herunterzuregulieren, was es Ihnen ermöglicht, aus diesem erhöhten Zustand der Wachsamkeit herauszutreten und in einen geerdeteren, verbundeneren Raum zu treten. Indem du lernst, auf deinen Körper zu hören und auf seine Bedürfnisse einzugehen, befähigst du dich, den Frieden und die Ruhe zurückzugewinnen, die von Natur aus dir gehören.

Es ist wichtig, sich daran zu erinnern, dass Heilung keine lineare Reise ist. Es wird Höhen und Tiefen geben, Momente, in denen du das Gefühl hast, dich vorwärts zu bewegen, und andere, in denen es so aussieht, als hättest du einen Schritt zurück gemacht. Das ist ganz natürlich. Wesentlich ist, dass Sie diesen Prozess mit Geduld und Selbstmitgefühl angehen. Die Einbeziehung des Vagusnervs durch somatische Therapie bietet Ihnen einen Weg, die natürliche Heilungsfähigkeit Ihres Körpers zu nähren und Sie dabei zu unterstützen, Resilienz und Stärke zu kultivieren, während Sie sich auf Ihrem Weg zur Traumabewältigung zurechtfinden. Sie sind in diesem Prozess nicht nur ein passiver Beobachter; Du bist ein aktiver Teilnehmer und lernst, dich auf die Weisheit deines Körpers einzustimmen und mit Sorgfalt darauf zu reagieren. Und wenn du das tust, wirst du feststellen, dass du aus dem Schatten des Traumas mit einem erneuerten Selbstgefühl und einer tieferen Verbindung zur Welt um dich herum auftauchen kannst.

Kapitel 2

Holen Sie sich Ihren Körper zurück

Erste Schritte in der somatischen Bewusstheit

Somatisches Bewusstsein ist eine tiefgreifende Praxis, die uns einlädt, uns wieder mit unserem Körper zu verbinden und die wichtige Rolle anzuerkennen, die er für unser emotionales und psychologisches Wohlbefinden spielt. Im Kern geht es bei somatischem Bewusstsein darum, sich auf die Empfindungen einzustimmen, die in unserem physischen Selbst entstehen, und uns ein Fenster in die Art und Weise zu bieten, wie sich Emotionen, Stress und Traumata in unserem Körper manifestieren und gespeichert werden. Es geht darum, neugierig auf die subtilen Schwingungen, die Enge oder auch Momente der Leichtigkeit zu werden, die wir im Laufe des Tages erleben. Dieser Prozess ermutigt uns, ein tieferes Verständnis dafür zu entwickeln, wie unser körperlicher Zustand unsere mentale und emotionale Landschaft widerspiegelt.

Im Rahmen der Traumabewältigung dient das somatische Bewusstsein als entscheidendes Werkzeug für die Heilung. Traumatische Erfahrungen können Spuren im Körper hinterlassen, die oft zu Anspannungen, Unbehagen oder Taubheitsgefühl in bestimmten Bereichen führen. Indem wir somatisches Bewusstsein entwickeln, beginnen wir, diese körperlichen Empfindungen nicht als lästige Empfindungen zu erkennen, die es zu ignorieren gilt, sondern als wichtige Signale, die unser Körper kommuniziert. Zum Beispiel könntest du ein Engegefühl in deiner Brust bemerken, wenn du dich ängstlich fühlst, oder ein Schweregefühl in deinen Gliedmaßen, wenn du dich an eine belastende Erinnerung erinnerst. Diese Empfindungen sind nicht nur zufällige Ereignisse; Sie sind Reflexionen unserer emotionalen Zustände, die tief in unseren Erfahrungen verwurzelt sind. Wenn wir lernen, auf diese Signale zu hören, können wir unser Trauma ganzheitlicher angehen und die Kluft zwischen Geist und Körper überbrücken.

Wenn du dich auf diese Reise der Entwicklung des somatischen Bewusstseins begibst, kann es hilfreich sein, zu verschiedenen Zeitpunkten des Tages innezuhalten und eine Bestandsaufnahme deines Körpers vorzunehmen. Welche Empfindungen entstehen, wenn Sie sich gestresst fühlen? Wo hältst du die Spannung? Gibt es bestimmte Bereiche, die sich aktivierter oder tauber anfühlen als andere? Diese Praxis, sich mit sich selbst auseinanderzusetzen, ist nicht nur eine Übung in Achtsamkeit; Es ist eine Einladung, sich mit der Weisheit deines Körpers auseinanderzusetzen. Indem du dir bewusst wirst, wo du Spannung in dir trägst, kannst du beginnen, diese Empfindungen auf die Emotionen und Erfahrungen zurückzuführen, die zu ihrer Existenz beigetragen haben könnten. Diese Praxis fördert ein tieferes Verständnis dafür, dass Stress und Trauma nicht nur psychische Phänomene sind, sondern körperliche Erfahrungen, die unsere Aufmerksamkeit und Fürsorge erfordern.

Das Erkennen emotionaler Auslöser ist ein weiterer mächtiger Aspekt bei der Entwicklung des somatischen Bewusstseins. Oft reagieren wir auf Auslöser, ohne vollständig zu verstehen, warum sie so starke Reaktionen in uns hervorrufen. Durch somatisches Bewusstsein können Sie lernen, diese Auslöser zu identifizieren, indem Sie Ihre körperlichen Reaktionen beobachten. Vielleicht weckt ein bestimmter Duft eine Erinnerung oder ein bestimmter Klang lässt das Herz rasen. Indem du dich auf diese körperlichen Reaktionen einstimmst, kannst du beginnen, die damit verbundenen Emotionsschichten auszupacken. Diese Einsicht ist nicht nur aufschlussreich; Es befähigt Sie, auf gesündere und konstruktivere Weise auf Ihre Auslöser zu reagieren, anstatt von einer automatischen Reaktion mitgerissen zu werden.

Die Vorteile der Kultivierung des somatischen Bewusstseins gehen über das bloße Erkennen von Spannungen und Auslösern hinaus. Diese Praxis legt den Grundstein für Heilung, indem sie Selbstmitgefühl und Akzeptanz fördert. Wenn du dich besser auf die Signale deines Körpers einstellst, fällt es dir vielleicht leichter, dich selbst mit Freundlichkeit zu begegnen und zu verstehen, dass es natürlich ist, an Spannung festzuhalten oder stark auf bestimmte Situationen zu reagieren. Dieses mitfühlende Bewusstsein schafft einen sicheren Raum, in dem du deine Gefühle ohne Urteil erforschen kannst, und ermöglicht eine tiefere emotionale Verarbeitung und Befreiung.

Darüber hinaus kann die Entwicklung eines somatischen Bewusstseins Ihre Fähigkeit verbessern, sich an selbstberuhigenden Praktiken zu beteiligen. Wenn du Bereiche mit Anspannung oder Unbehagen erkennen kannst, kannst du mit bewussten Handlungen reagieren – sei es durch Atemarbeit, sanfte Bewegungen oder Entspannungstechniken, die helfen, den gespeicherten Stress abzubauen. Diese Selbstregulierung fördert ein Gefühl der Handlungsfähigkeit und Ermächtigung und ermöglicht es Ihnen, Ihre Heilungsreise selbst in die Hand zu nehmen.

Indem du somatisches Gewahrsein annimmst, erkennst du nicht nur die körperlichen Manifestationen deines

Traumas; Sie beteiligen sich aktiv an Ihrer Genesung. Es lädt dich ein, deinen Körper als Partner bei der Heilung zu sehen und nicht als Gegner. Wenn du dieses Bewusstsein kultivierst, wirst du feststellen, dass dein Körper dich zu mehr Verständnis, Widerstandsfähigkeit und letztendlich zu einem ganzheitlicheren Selbstgefühl führen kann. Bei dieser Reise geht es nicht darum, die Vergangenheit auszulöschen; Es geht darum, deine Erfahrungen zu würdigen und die angeborene Fähigkeit deines Körpers zur Heilung zurückzugewinnen.

So hören Sie auf die Signale Ihres Körpers

Sich auf die Signale einzustimmen, die Ihr Körper sendet, ist ein wichtiger Schritt auf dem Weg zur Heilung von Traumata. Unser Körper ist oft wie ein fein abgestimmtes Instrument, das in der Lage ist, Botschaften zu vermitteln, die wir vielleicht nicht bewusst wahrnehmen. Körperliche Empfindungen wie Engegefühl, Hitze oder Taubheit können als tiefgreifende Indikatoren für gespeicherte Traumata dienen. Diese Empfindungen sind nicht nur Beschwerden; Sie sind Echos von Erfahrungen, die Anerkennung und Fürsorge brauchen. Indem du lernst, diese Signale mit Neugier statt mit Angst zu interpretieren, kannst du dich auf einen transformativen Weg zu einer tieferen Selbstwahrnehmung und Heilung begeben.

Stell dir für einen Moment vor, du sitzt still da und erlaubst dir, dich auf deinen Körper einzustimmen. Wenn du deine Augen schließt, atme tief ein und achte darauf, worauf deine Aufmerksamkeit gelenkt wird. Spüren Sie ein Engegefühl in den Schultern oder ein Flattern im Bauch? Vielleicht gibt es ein Gefühl von Hitze, das von Ihrer Brust ausgeht, oder Taubheitsgefühl in Ihren Händen. Jede dieser Empfindungen erzählt eine Geschichte, und der Schlüssel ist, sich ihnen mit einem Gefühl der Neugier zu nähern, als ob du deinen Körper sanft fragen würdest, was er ausdrücken muss. Diese Art der Erkundung fördert den Dialog zwischen Geist und Körper und fördert das Verständnis dafür, wie sie zusammenarbeiten.

Wenn Sie Empfindungen wie Engegefühl empfinden, ist es hilfreich, darüber nachzudenken, was die Ursache dafür sein könnte. Ein Engegefühl in der Brust kann auf Angst oder ein Gefühl der Überforderung hinweisen, während ein Engegefühl im Kiefer auf unterdrückte Emotionen oder Anspannung hinweisen kann. Anstatt diese Gefühle beiseite zu schieben oder sie als negativ abzustempeln, lade sie ein. Fragen Sie sich: "Was fühle ich gerade?" oder "Woran erinnert mich diese Enge?" Es kann aufschlussreich sein, darüber nachzudenken, ob die Empfindungen von aktuellen Stressoren herrühren oder mit vergangenen Erfahrungen in Resonanz stehen. Das Erkennen dieser Zusammenhänge kann der erste Schritt sein, um die Schichten des gespeicherten Traumas zu entwirren.

Hitze kann ein weiterer starker Indikator sein. Es kann sich anfühlen, als würde sich Wärme über dein Gesicht ausbreiten, oder eine Röte in deinen Wangen, oft verbunden mit Gefühlen von Wut oder Frustration. Anstatt auf diese Empfindung mit Vermeidung zu reagieren, lehne dich in sie hinein. Achte darauf, wie es sich anfühlt – wo es konzentriert ist, wie es abebbt und fließt. Fühlen Sie sich dadurch lebendiger oder löst es ein Gefühl der Angst aus? Indem du diese Gefühle bewusst beobachtest, beginnst du, eine Beziehung zu deinem Körper aufzubauen und ihm zu erlauben, freier zu kommunizieren.

Taubheitsgefühl hingegen kann eine besondere Herausforderung darstellen. Es kann sich wie eine Trennung anfühlen, bei der Teile Ihres Körpers nicht reagieren oder entfernt erscheinen. Dieses Gefühl kann ein Schutzmechanismus sein, eine Art und Weise, wie dein Körper dich vor überwältigenden Gefühlen schützt. Anstatt diese Taubheit wegzuschieben, üben Sie, ein paar Augenblicke damit zu sitzen. Atmen Sie in die Bereiche, in denen Sie sich taub fühlen und fragen Sie Ihren Körper sanft, was er braucht. Es geht nicht darum, eine Antwort zu erzwingen, sondern vielmehr darum, einen Raum für Bewusstsein und Verständnis zu schaffen. Im Laufe der Zeit kann diese Praxis helfen, wieder eine Verbindung zu den Teilen von dir selbst herzustellen, die sich vielleicht verschlossen fühlen.

Um diesen Prozess zu einem Teil Ihrer täglichen Routine zu machen, sollten Sie sich den ganzen Tag über Momente nehmen, in denen Sie sich mit sich selbst auseinandersetzen können. Es kann so einfach sein, wie während des Morgenkaffees eine Pause einzulegen oder sich zwischen den Aufgaben eine Minute Zeit zu nehmen, um zu atmen und Ihren Körper wahrzunehmen. Fragen Sie sich, welche Empfindungen vorhanden sind – gibt es Bereiche der Anspannung oder Entspannung? Im Laufe der Zeit wird diese Praxis deinen Geist trainieren, die Signale zu erkennen, die dein Körper sendet, was es einfacher macht, mit Mitgefühl darauf zu reagieren.

Achtsamkeitsübungen können auch Ihre Einstimmung auf körperliche Empfindungen verbessern. Probiere einfache Praktiken wie Körperscans aus, bei denen du deine Aufmerksamkeit nacheinander auf jeden Teil deines Körpers konzentrierst und alle Empfindungen notierst, ohne zu urteilen. Es kann hilfreich sein, dies am Ende des Tages zu tun und über Ihre Erfahrungen nachzudenken und darüber, wie Ihr Körper darauf reagiert hat. Auch das Journaling kann in diesem Prozess ein wertvolles Werkzeug sein. Schreibe deine Beobachtungen auf und notiere die Empfindungen, die du empfunden hast, und alle emotionalen Reaktionen, die aufkamen. Diese reflektierende Praxis vertieft nicht nur dein Verständnis, sondern verfolgt auch deinen Weg zu mehr Selbsterkenntnis.

Wenn du dich auf die Signale deines Körpers einlässt, denke daran, geduldig und sanft zu dir selbst zu sein. Heilung ist kein linearer Weg, und es ist völlig normal, Momente des Widerstands oder Unbehagens zu erleben. Jede Empfindung, der du begegnest, ist eine

Gelegenheit zur Erkundung, eine Chance, die Beziehung zwischen deinem Geist und deinem Körper besser zu verstehen. Indem Sie diese Reise mit Neugier annehmen, hören Sie nicht nur auf Ihren Körper; Du förderst eine tiefere, mitfühlendere Verbindung mit dir selbst. Und wenn du lernst, dieser Verbindung zu vertrauen, wirst du feststellen, dass der Weg zur Heilung etwas weniger entmutigend und viel ermächtigender wird.

Identifizieren von Spannungs- und Stressbereichen

Die Durchführung eines Körperscans ist eine sanfte, aber kraftvolle Möglichkeit, sich auf die Weisheit Ihres Körpers einzustimmen und sich der Bereiche bewusst zu werden, die möglicherweise Anspannungen, Unbehagen oder Stress verursachen. Diese Praxis lädt dich ein, deine Aufmerksamkeit nach innen zu richten und einen Raum zu schaffen, in dem du einfach beobachten kannst, was in dir passiert, ohne dich zu verurteilen. Wenn Sie sich auf diese Reise begeben, ermutige ich Sie, einen ruhigen, bequemen Ort zu finden, an dem Sie sich frei von Ablenkungen entspannen können. Sie können sich hinlegen oder in einem Stützstuhl sitzen, so dass sich Ihr Körper vom Boden oder der Oberfläche unter Ihnen gestützt fühlt. Wenn Sie bereit sind, atmen Sie tief durch die Nase ein, füllen Sie Ihre Lungen vollständig und atmen Sie dann langsam durch den Mund aus, um alle anfänglichen Spannungen zu lösen.

Beginnen wir ganz oben – im Kopf. Richten Sie Ihr Bewusstsein auf Ihre Kopfhaut und nehmen Sie alle Empfindungen dort wahr. Ist es eng? Entspannt? Beobachten Sie einfach, ohne etwas ändern zu müssen. Lassen Sie Ihren Fokus sanft auf Ihre Stirn gleiten und achten Sie darauf, ob die Stirn angespannt oder gerunzelt ist. Während du tief atmest, lass dein Ausatmen jede Enge, die du fühlst, mildern. Bewege dich hinunter zu deinen Augen und Wangen und lass sie sich entspannen. Fühle das Gewicht deiner Augenlider. Sind sie schwer oder leicht? Vielleicht bemerken Sie die winzigen Muskeln um Ihre Augen, die Stress aushalten können. Lass jegliches Pressen los, während du ausatmest.

Lenke nun dein Bewusstsein auf deinen Kiefer. Dieser Bereich birgt oft eine erhebliche Spannung. Es kann sein, dass du feststellst, dass deine Zähne zusammengebissen sind oder dein Kiefer angespannt ist. Wenn ja, versuche, deine Lippen sanft leicht zu öffnen, deinen Kiefer locker hängen zu lassen und zu beobachten, wie sich das anfühlt. Wenn du noch einmal ein- und ausatmest, stelle dir vor, wie du deinen Atem in diesen Bereich sendest und ihn mit jedem Ausatmen weiter weicher machst. Achten Sie beim weiteren Verlauf Ihres Nackens auf Steifheit oder Beschwerden. Lassen Sie Ihre Schultern von Ihren Ohren wegfallen, um das Gewicht zu lösen, das sie möglicherweise tragen. Nehmen Sie sich hier einen Moment Zeit, um jeden Muskel in Ihrem Nacken und Ihren Schultern bewusst zu entspannen und ein Gefühl der Leichtigkeit in diese Bereiche einzuladen.

Verlagere als Nächstes deinen Fokus auf deine Brust und deinen oberen Rücken. Achte auf das Auf und Ab deines Atems. Gibt es Engegefühle oder Empfindungen? Vielleicht ein Gefühl der Einengung oder Offenheit? Lass deinen Atem frei fließen und stelle dir vor, wie er sich durch deine Brust ausdehnt und Raum schafft, in dem du vielleicht Schwere spüren könntest. Löse beim Atmen sanft alle Verspannungen und lade Weichheit und Komfort in diesen Teil deines Körpers ein.

Verlagere deine Aufmerksamkeit auf deinen Bauch. Der Bauch ist oft ein Ort, an dem wir Emotionen speichern, und es kann hilfreich sein, zu beobachten, wie er sich anfühlt. Ist es angespannt oder entspannt? Achte darauf, wie sich dein Atem in deinen Bauch hinein und wieder heraus bewegt. Wenn du einatmest, fühle, wie es sich ausdehnt; Lassen Sie es beim Ausatmen sanft zusammenziehen. Wenn du irgendein Unbehagen bemerkst, erkenne es einfach an, atme in diesen Bereich hinein und gib dir selbst die Erlaubnis, loszulassen.

Setze deine Reise bis zu deinen Hüften und deinem unteren Rücken fort. Diese Bereiche werden oft mit dem Tragen von Stress oder Lasten in Verbindung gebracht. Fühlen Sie sich angespannt oder unwohl? Erlaube dir, dir vorzustellen, wie du beim Ausatmen jegliche Schwere loslässt. Stellen Sie sich vor, wie die Anspannung dahinschmilzt und Raum für Entspannung bleibt. Wenn du dich weiter nach unten bewegst, richte dein Bewusstsein auf deine Oberschenkel und Knie. Achten Sie hier auf eventuelle Empfindungen. Vielleicht spürst du das Gewicht deiner Beine oder eine Verspannung in deinen Muskeln. Lade diese Spannung ein, sich mit jedem Atemzug aufzulösen und jeglichen anhaltenden Stress loszulassen.

Richte als Nächstes deinen Fokus auf deine Waden und Knöchel. Achte darauf, wie sie sich in Bezug auf die Oberfläche unter dir anfühlen. Sind sie schwer oder leicht? Ist da ein Gefühl der Entspannung oder verspüren Sie Enge? Lassen Sie Ihren Atem über diese Bereiche gleiten und lösen Sie mit jedem Ausatmen Spannungen. Bringen Sie schließlich Ihr Bewusstsein auf Ihre Füße. Spüre die Verbindung zwischen deinen Füßen und dem Boden, die dich verankert. Beobachten Sie alle Empfindungen, vielleicht Kribbeln oder Schweregefühl. Während du in deine Füße atmest, stelle dir vor, wie du Wurzeln sendest und dich tiefer in der Erde vertiefst.

Nehmen Sie sich während des Abschlusses dieses Körperscans einen Moment Zeit, um über die Reise nachzudenken, die Sie gerade durch Ihren Körper unternommen haben. Was ist Ihnen aufgefallen? Sind beim Scannen verschiedener Bereiche Emotionen aufgekommen? Bei dieser Praxis geht es nicht nur darum, Spannungen zu erkennen; Es geht auch darum, Achtsamkeit und Mitgefühl dir selbst gegenüber zu kultivieren. Erkenne an, was du erlebt hast, ohne zu urteilen. Vielleicht haben Sie Bereiche der Verspannung gefunden, die Ihre Aufmerksamkeit benötigen, oder vielleicht haben Sie Momente der Erleichterung und Entspannung verspürt. Was auch immer der Fall ist, wisse, dass diese Praxis ein wertvolles Werkzeug auf deinem Heilungsweg sein kann, das es dir ermöglicht, dich auf die Bedürfnisse deines Körpers einzustimmen, zuzuhören und mit Freundlichkeit und Fürsorge auf sie zu reagieren.

Achtsames Atmen: Beruhigung des Nervensystems

Achtsames Atmen ist eine einfache, aber transformative Praxis, die als kraftvolles Werkzeug zur Beruhigung des Nervensystems und zur Verankerung unseres Bewusstseins im gegenwärtigen Moment dient. Inmitten des Chaos des Lebens und der Last vergangener Traumata finden sich viele von uns in einem Kreislauf aus Angst, Sorgen oder rasenden Gedanken wieder. Hier kommt die Magie des achtsamen Atmens ins Spiel. Indem wir uns auf unseren Atem konzentrieren, schaffen wir eine Brücke in die Gegenwart und ermöglichen es uns, uns vom Lärm des Geistes zu lösen und uns wieder mit unserem Körper zu verbinden. Es ist eine sanfte Erinnerung daran, dass wir, egal wie turbulent unsere Gedanken sein mögen, immer den Atem als Quelle der Erdung und des Trostes haben.

Um diese Reise zu beginnen, lassen Sie uns ein paar einfache Atemtechniken erkunden, die Sie in Ihre tägliche Routine integrieren können. Eine effektive Methode ist die Zwerchfellatmung, oft auch Bauchatmung genannt. Um dies zu üben, suchen Sie sich eine bequeme Position, entweder im Sitzen oder im Liegen. Lege eine Hand auf deine Brust und die andere auf deinen Bauch. Atmen Sie tief durch die Nase ein, damit sich Ihr Bauch ausdehnen kann, während Sie Ihre Brust relativ ruhig halten. Dieser volle, tiefe Atemzug aktiviert Ihr Zwerchfell und füllt Ihre Lungen, wodurch ein Gefühl von Fülle und Ruhe entsteht. Während du langsam durch den Mund ausatmest, spüre, wie sich dein Bauch entleert. Mit jedem Atemzug wirst du bemerken, dass sich ein natürlicher Rhythmus abzeichnet, und wenn du dich auf diesen Zyklus konzentrierst, wird die Anspannung in deinem Körper zu schmelzen beginnen.

Eine weitere Technik ist die Boxatmung, die wunderbar effektiv ist, um Stress zu bewältigen und die Entspannung zu fördern. Um dies zu üben, stellen Sie sich vor, Sie zeichnen mit Ihrem Atem einen Kasten in die Luft. Atmen Sie tief ein und zählen Sie bis vier und spüren Sie, wie sich Ihre Lungen mit Luft füllen. Halten Sie den Atem für eine weitere Zählung von vier an und atmen Sie dann vier Mal langsam aus, wobei Sie mit jedem Ausatmen jeglichen Stress abbauen. Halten Sie schließlich am unteren Ende des Ausatmens bis vier inne, bevor Sie erneut einatmen. Dieses rhythmische Muster beruhigt nicht nur das Nervensystem, sondern hilft auch, Ihren Fokus zu schärfen, was es zu einem großartigen Werkzeug in besonders überwältigenden Momenten macht.

Während Sie sich auf diese achtsamen Atemübungen einlassen, bemerken Sie vielleicht etwas Bemerkenswertes: Ihr Körper beginnt, sein parasympathisches Nervensystem zu aktivieren. Dies wird oft als "Ruhe- und Verdauungssystem" bezeichnet und spielt eine entscheidende Rolle bei der Förderung von Entspannung und Heilung. Wenn wir achtsam atmen, senden wir Signale an unseren Körper, dass es sicher ist, sich zu entspannen. Die Herzfrequenz verlangsamt sich, der Blutdruck sinkt und der Kopf beginnt sich zu klären. Diese physiologische Verschiebung ist für die Traumabewältigung unerlässlich, da sie es uns ermöglicht, ein Gefühl der Sicherheit und Leichtigkeit zu schaffen, das möglicherweise durch vergangene Erfahrungen gestört wurde.

Achtsames Atmen hilft uns nicht nur, uns im Moment besser zu fühlen. Es legt den Grundstein für eine tiefere Verbindung mit uns selbst. Indem wir uns Zeit nehmen, um bewusst zu atmen, kultivieren wir eine Praxis der Selbstwahrnehmung und des Selbstmitgefühls. Jeder Atemzug wird zu einer Einladung, mit unseren Gefühlen präsent zu sein, das Erlebte ohne Urteil anzuerkennen. Dieser sanfte Ansatz fördert eine Umgebung, in der Heilung stattfinden kann, und hilft uns, das loszulassen, was uns nicht mehr dient, und ein größeres Gefühl des inneren Friedens zu nähren.

Achtsames Atmen in Ihr Leben zu integrieren, kann so einfach sein, wie sich im Laufe des Tages ein paar Momente Zeit zu nehmen, um Ihren Atem zu überprüfen. Egal, ob Sie vor einer herausfordernden Situation stehen, sich überfordert fühlen oder einfach nur wieder zu sich selbst in Kontakt treten möchten, diese Techniken können Ihre Lebensader sein. Lasst uns also die Kraft unseres Atems umarmen und ihm erlauben, uns zu einer friedlicheren, zentrierteren Existenz zu führen.

Kapitel 3

Erdungstechniken – Wie du dich wieder sicher in deinem Körper fühlst

"geerdet" ist ein Begriff, der oft ein Gefühl von Stabilität, Ruhe und Präsenz im Körper hervorruft. Es ist dieses beruhigende Gefühl, fest mit der Erde unter uns verbunden zu sein, als ob wir Kraft aus dem Boden schöpfen und uns in unserer eigenen Haut sicher fühlen. Wenn wir geerdet sind, sind wir nicht nur körperlich bewusst; Wir sind auch emotional zentriert und in der Lage, unsere Umgebung mit einem klaren Kopf und einem offenen Herzen zu navigieren. Es ist dieser schöne Zustand, in dem unsere Gedanken, Gefühle und körperlichen Empfindungen harmonieren und es uns ermöglichen, das Leben voll und ganz authentisch zu erleben.

Für diejenigen, die ein Trauma erlebt haben, kann der Weg zu einem Gefühl der Erdung eine besondere Herausforderung sein. Ein Trauma führt oft zu einer tiefgreifenden Trennung zwischen Geist und Körper. Nach einem traumatischen Ereignis fühlen sich viele Menschen losgelöst, taub oder dissoziiert, als würden sie ihr Leben aus der Ferne beobachten, anstatt wirklich daran teilzunehmen. Diese Trennung kann sich auf verschiedene Weise manifestieren – vielleicht ist es ein Gefühl des Schwebens durch die täglichen Aufgaben, die Unfähigkeit, körperliche Empfindungen zu erkennen, oder ein überwältigendes Gefühl, verloren und außer Kontrolle zu sein. Der Körper, der eine Quelle der Kraft und des Trostes sein sollte, kann sich stattdessen wie ein fremdes Wesen anfühlen, das von unserem Selbstgefühl abgekoppelt ist.

Hier kommen Erdungstechniken ins Spiel, die als Rettungsanker dienen, um diese lebenswichtige Verbindung wiederherzustellen. Erdungspraktiken helfen dem Einzelnen, sich wieder mit seinem Körper und seiner unmittelbaren Umgebung zu verbinden, und ermöglichen es ihm, ein Gefühl von Sicherheit und Präsenz zurückzugewinnen. Diese Techniken können so einfach sein, wie sich einen Moment Zeit zu nehmen, um sich auf das Gefühl deiner Füße auf dem Boden zu konzentrieren, die Textur der Erde unter dir zu spüren oder achtsames Atmen zu üben, um die Aufmerksamkeit wieder auf deinen Körper zu lenken. Jede Erdungsübung ist eine sanfte Erinnerung daran, dass du hier bist, in diesem Moment, und dass du die Macht hast, deine Gefühle zu beeinflussen.

Wenn du dich mit Erdungspraktiken beschäftigst, bemerkst du vielleicht eine Veränderung in dir selbst. Das Chaos ängstlicher Gedanken kann sich allmählich legen, und das einst überwältigende Gefühl der Trennung kann verblassen. Vielleicht spürst du eine Wärme, die sich in deinem Körper ausbreitet, eine Leichtigkeit in deiner Brust oder sogar ein Gefühl der Erleichterung, das dich überkommt. Das ist das Schöne an der Erdung – sie lädt dich ein, deinen Körper als sicheren Hafen und nicht als Schlachtfeld zu erleben. Indem du diese Verbindung pflegst, verbesserst du nicht nur deine emotionale Widerstandsfähigkeit, sondern kultivierst auch ein tieferes Verständnis für dein körperliches Selbst und legst so den Grundstein für Heilung und Genesung.

Im Wesentlichen geht es bei der Erdung nicht nur darum, sich stabil zu fühlen; Es geht darum, dein Leben aus dem Griff des Traumas zurückzugewinnen. Es ist eine Einladung, in deinen Körper zurückzukehren und die ihm innewohnende Kraft und Weisheit wiederzuentdecken. Durch Erdungstechniken können Sie langsam aber sicher die Brüche heilen, die das Trauma hinterlassen hat, und ein Gefühl der Sicherheit wiederherstellen, das es Ihnen ermöglicht, jedem Tag mit neuem Mut und Hoffnung zu begegnen.

Erdungsübungen für den Alltag

Erdungsübungen sind eine fantastische Möglichkeit, Ihnen zu helfen, präsent und mit Ihrem Körper verbunden zu bleiben, insbesondere in Momenten von Stress, Angst oder emotionaler Überforderung. Eine der einfachsten und effektivsten Techniken, die Sie anwenden können, ist die "5-4-3-2-1"-Methode. Diese Übung ermutigt dich, deine Sinne zu aktivieren und deine Aufmerksamkeit von belastenden Gedanken weg und ins Hier und Jetzt zu lenken. Um dies zu üben, beginne damit, dich umzusehen und fünf Dinge zu benennen, die du sehen kannst. Vielleicht ist es die leuchtende Farbe einer Pflanze in der Nähe, die Art und Weise, wie Licht auf einer Oberfläche tanzt, oder sogar die Textur Ihrer Kleidung. Konzentriere dich als Nächstes auf vier Dinge, die du berühren kannst – vielleicht die Kühle des Stuhls, auf dem du sitzt, die Weichheit einer Decke oder das Gefühl deiner Hände, die in deinem Schoß ruhen. Wechseln Sie dann zu drei Dingen, die Sie hören können. Das kann das ferne Geräusch des Verkehrs sein, das Zwitschern der Vögel draußen oder das leise Brummen eines Ventilators. Identifizieren Sie anschließend zwei Dinge, die Sie riechen können; Wenn du einen Duft nicht sofort aufnehmen kannst, ist es völlig in Ordnung, an einen Lieblingsduft zu denken. Lenke schließlich dein Bewusstsein auf eine Sache, die du schmecken kannst, nämlich den anhaltenden Geschmack deiner letzten Mahlzeit oder einen Schluck Wasser. Indem Sie Ihre Sinne bewusst aktivieren, lenken Sie Ihren Fokus neu und fördern ein Gefühl der Ruhe im gegenwärtigen Moment.

Eine weitere Erdungstechnik besteht darin, einfach die Füße auf dem Boden zu spüren. Nimm dir einen Moment Zeit, um innezuhalten und das Gefühl zu spüren, wie sich deine Füße mit der Erde unter dir verbinden. Egal, ob du sitzt oder stehst, visualisiere, wie deine Füße fest an Ort und Stelle stehen und Kraft aus dem Boden schöpfen. Achte darauf, wie sich das Gewicht deines Körpers verteilt und wie deine Füße dich stützen. Vielleicht stellst du dir deine Füße sogar als Baumwurzeln vor, die tief in die Erde ragen und dich sicher verankern. Diese Visualisierung kann besonders beruhigend sein und helfen, Angstgefühle zu reduzieren, indem sie Sie an Ihre körperliche Präsenz und Stabilität erinnert.

Zusätzlich zu diesen Methoden können Sie tiefes Atmen üben, um Ihre Erdungserfahrung zu verbessern. Schließen Sie die Augen, wenn Sie sich wohl fühlen, und atmen Sie langsam und tief durch die Nase ein, damit sich Ihr Bauch vollständig ausdehnen kann. Halten Sie den Atem für einen Moment an und atmen Sie dann sanft durch den Mund aus, während Sie spüren, wie sich Ihr Körper mit jedem Ausatmen entspannt. Während du atmest, kannst du deinen Atem mental mit deinen Füßen verbinden und dir vorstellen, wie deine Einatmung ruhige und erdende Energie aufnimmt, während deine Ausatmung Spannungen und Ängste löst. Diese rhythmische Verbindung zwischen Atem und Körper beruhigt nicht nur das Nervensystem, sondern verankert dich auch in der Gegenwart.

Wenn Stress oder überwältigende Emotionen aufkommen, können diese Erdungsübungen Ihr Rettungsanker sein. Sie erinnern dich daran, dass du auch in turbulenten Momenten die Kraft hast, dich wieder mit dir selbst und der Umgebung um dich herum zu verbinden. Indem Sie diese Techniken in Ihr tägliches Leben integrieren, sei es während eines hektischen Arbeitstages oder eines ruhigen Moments zu Hause, kultivieren Sie ein Gefühl der Bewusstheit und Widerstandsfähigkeit, das Ihr allgemeines Wohlbefinden unterstützt. Betrachten Sie diese Übungen als Werkzeuge, die Sie jederzeit verwenden können, um innezuhalten, zu reflektieren und an einen Ort der Ruhe zurückzukehren.

Nutzen Sie Ihre Umgebung, um sich zu verankern

Ein Gefühl der Erdung und Sicherheit in Ihrer Umgebung zu schaffen, kann ein mächtiges Werkzeug sein, um überwältigende Emotionen zu bewältigen und Gefühle der Dissoziation zu unterbrechen. Wenn du merkst, dass du dich ängstlich oder abgekoppelt fühlst, kann es dir helfen, deine Aufmerksamkeit auf die Welt um dich herum zu richten, um dich wieder im gegenwärtigen Moment zu verankern. Beginnen Sie mit der Auswahl eines bequemen Platzes, egal ob Sie drinnen oder draußen sind. Schauen Sie sich um und wählen Sie ein physisches Objekt aus, auf das Sie sich konzentrieren möchten. Das kann ein Stuhl, eine Pflanze oder sogar ein Kunstwerk sein. Gönnen Sie sich einen Moment Zeit, um es wirklich zu beobachten – achten Sie auf seine Farben, Formen und Texturen. Während du dies tust, atme tief durch und lass deinen Atem synchron mit deinen Beobachtungen fließen. Dieser einfache Akt der Fokussierung auf ein Objekt kann deine Aufmerksamkeit weg von belastenden Gedanken und hin zum Hier und Jetzt lenken.

Eine weitere effektive Möglichkeit, sich zu erden, besteht darin, sich mit den Texturen in Ihrer Umgebung auseinanderzusetzen. Streichen Sie mit den Fingern über eine weiche Decke, spüren Sie die Kühle einer Metalloberfläche oder berühren Sie die Wärme eines Holztisches. Achte darauf, wie sich diese Empfindungen auf deiner Haut anfühlen. Achte auf die Details – die Art und Weise, wie sich der Stoff anfühlt, die Temperatur des Materials und alle subtilen Veränderungen, die du beim Berühren bemerkst. Indem Sie in diese Sinneserfahrungen eintauchen, schaffen Sie eine spürbare Verbindung zu Ihrer Umgebung, die ein beruhigendes Gefühl von Sicherheit und Stabilität vermitteln kann.

Der Klang ist ein weiterer mächtiger Anker. Nehmen Sie sich einen Moment Zeit, um den Klängen um Sie herum genau zu lauschen. Das kann das leise Rascheln der Blätter draußen sein, das rhythmische Ticken einer Uhr oder auch das ferne Brummen des Verkehrs. Schließen Sie die Augen, wenn es hilft, und konzentrieren Sie sich ganz auf die Klanglandschaft. Versuchen Sie, so viele unterschiedliche Geräusche wie möglich zu identifizieren. Jedes Geräusch kann als Erinnerung daran dienen, dass Sie in Ihrer Umgebung präsent und sicher sind, und dazu beitragen, Gefühle von Angst oder Panik zu verringern.

Auch das Sehvermögen kann ein Erdungswerkzeug sein. Atmen Sie tief durch und konzentrieren Sie sich auf die Farben in Ihrer Umgebung. Vielleicht ist es das leuchtende Grün einer Zimmerpflanze, das sanfte Beige Ihrer Wände oder die komplizierten Muster eines Teppichs. Erlauben Sie sich, die Details zu erforschen – die Art und Weise, wie Licht mit diesen Farben interagiert, welche Schatten sie erzeugen und wie sie sich im Laufe des Tages verändern. Diese Übung ermutigt dich, langsamer zu werden und die Schönheit um dich herum zu schätzen, und erinnert dich daran, dass es viel zu verinnerlichen gibt, auch inmitten von Stress.

Die Verankerung in Ihrer Umgebung kann als hilfreiche Unterbrechung dienen, wenn sich Emotionen überwältigend anfühlen. Wenn du bemerkst, dass du dissoziiert wirst oder dich in einer Welle der Angst verlierst, kann dich die Umlenkung deines Fokus auf deine Umgebung in die Gegenwart zurückbringen. Es ist, als würdest du deinem Verstand einen sanften Schubs geben und sagen: "Hier bin ich. Ich bin in Sicherheit und kann in diesem Moment Trost finden." Bei der Praxis des Ankerns geht es nicht nur um die unmittelbare Erleichterung, die sie bietet; Es geht auch darum, eine tiefere Beziehung zu Ihrer Umwelt zu pflegen. Indem Sie lernen, die Details Ihrer Umgebung zu erkennen und zu schätzen, schaffen Sie ein Gefühl von Vertrautheit und Sicherheit, das Ihnen helfen kann, sich in schwierigen Zeiten zu stabilisieren.

Wenn Sie sich diese Techniken zu eigen machen, können Sie die Art und Weise verändern, wie Sie sich in Ihrem täglichen Leben zurechtfinden. Mit der Zeit und Übung können Erdungstechniken zur zweiten Natur werden und Ihnen Werkzeuge zur Verfügung stellen, auf die Sie zurückgreifen können, wann immer Sie sie brauchen. Sie sind nicht nur ein passiver Beobachter in Ihrer Umgebung; Sie sind ein aktiver Teilnehmer, der in der Lage ist, ein Refugium der Sicherheit und des Komforts zu schaffen, wo immer Sie sind. Wenn du diese Praktiken erkundest, wirst du wahrscheinlich feststellen, dass sie dir nicht nur in Stressmomenten helfen, sondern auch deine allgemeine Erfahrung, in der Welt präsent zu sein, bereichern.

Wie Berührung, Klang und Sehen
Ihnen helfen können, präsent zu bleiben

Die Einbeziehung der Sinne kann ein mächtiges Werkzeug zur Erdung sein und Ihnen helfen, im gegenwärtigen Moment verankert zu bleiben. Wenn du in die Sehenswürdigkeiten, Klänge und Texturen um dich herum eintauchst, schafft es eine Brücke zum Hier und Jetzt und zieht dich weg von ängstlichen Gedanken oder überwältigenden Emotionen. Stellen Sie sich vor, Sie stehen in Ihrem Wohnzimmer, umgeben von vertrauten Gegenständen. Nehmen Sie sich einen Moment Zeit, um wirklich wahrzunehmen, was da ist. Spüren Sie die Textur des Stoffes auf Ihrer Couch oder die Kühle einer Tasse in Ihrer Hand. Diese kleinen Details erinnern dich an deinen physischen Raum und helfen, deine Verbindung zu deinem Körper wiederherzustellen.

Um den Tastsinn zu nutzen, probieren Sie eine Übung aus, bei der Sie verschiedene Texturen erkunden. Finde ein paar Gegenstände um dich herum – vielleicht eine weiche Decke, einen glatten Stein oder ein Stück raue Rinde. Während du mit den Fingern über jeden Gegenstand fährst, achte genau darauf, wie er sich auf deiner Haut anfühlt. Ist es warm oder kalt? Weich oder hart? Lassen Sie Ihren Geist sich auf diese Empfindungen konzentrieren und lassen Sie sich von ihnen weg von stressigen Gedanken und in die taktile Erfahrung ziehen. Sie werden überrascht sein, wie erdend diese einfache Handlung sein kann und einen Moment der Ruhe inmitten des Chaos schafft.

Klang ist eine weitere unglaubliche Möglichkeit, sich in der Gegenwart zu verankern. Schließen Sie die Augen und atmen Sie tief ein, dann beginnen Sie zuzuhören. Welche Geräusche nehmen Sie wahr? Das Zwitschern der Vögel draußen, das leise Summen des Kühlschranks oder vielleicht die fernen Geräusche des Verkehrs? Wenn du jedes Geräusch identifizierst, erlaube dir, dich ganz darauf zu konzentrieren und Ablenkungen loszulassen. Du könntest sogar eine "Klangkarte" in deinem Kopf erstellen, die visualisiert, woher jeder Klang kommt. Diese Praxis kann helfen, das Nervensystem zu beruhigen und Spannungen zu lösen, während Sie vollständig in Ihre auditive Umgebung eintauchen.

Visuelle Elemente können auch als beruhigender Balsam für den Geist dienen. Schauen Sie sich um und wählen Sie ein paar Objekte aus, auf die Sie sich konzentrieren möchten, sei es ein lebendiges Kunstwerk an der Wand oder das Spiel des Sonnenlichts, das draußen durch die Blätter dringt. Achten Sie auf die Farben, Formen und Muster. Lassen Sie Ihren Blick auf diesen Elementen verweilen und nehmen Sie ihre Schönheit und Details in sich auf. Dieser Akt der achtsamen Beobachtung kann Ihren mentalen Zustand verändern und Angstzyklen unterbrechen, indem Sie Ihre Aufmerksamkeit auf die Außenwelt statt auf innere Sorgen lenken.

Du könntest auch eine einfache Übung ausprobieren, bei der du bewusst drei Farben um dich herum auswählst und sie in deinem Kopf beschreibst. Welche Farbtöne sind das? Wie fühlst du dich dabei? Indem Sie sich bewusst auf die visuellen Aspekte Ihrer Umgebung konzentrieren, sprechen Sie nicht nur Ihre Sinne an, sondern fördern auch ein Gefühl von Sicherheit und Stabilität im gegenwärtigen Moment.

Indem Sie durch diese Übungen das sensorische Bewusstsein kultivieren, können Sie dazu beitragen, Ihr Nervensystem zu beruhigen und ein Gefühl des Gleichgewichts in Ihrem Körper zu schaffen. Wenn du deine Sinne aktivierst, bringst du zurück zu deiner körperlichen Erfahrung und erinnerst dich daran, dass du hier bist, sicher und geborgen. Diese Praxis kann besonders effektiv in Momenten des Stresses sein oder wenn sich Angst einzuschleichen beginnt. Wenn du deine Umgebung mit Absicht erkundest, wirst du wahrscheinlich feststellen, dass es einfacher wird, mit deinen Emotionen umzugehen und eine tiefere Verbindung zu dir selbst und der Welt um dich herum zu fördern.

Kapitel 4

Breathwork – durch den Atem wieder zur Ruhe kommen

Die Verbindung zwischen Atem und Nervensystem ist wirklich tiefgreifend, insbesondere im Zusammenhang mit der Traumabewältigung. Der Atem ist mehr als nur eine physiologische Funktion; Es dient als Brücke zwischen unserem Geist und unserem Körper. Wenn wir ein Trauma erleben, bleibt unser Nervensystem oft in einem erhöhten Zustand der Wachsamkeit stecken. Dies ist die Art und Weise, wie unser Körper uns schützt, aber es kann dazu führen, dass wir uns ängstlich, überfordert und von uns selbst getrennt fühlen. Indem wir uns auf unseren Atem konzentrieren, können wir ein mächtiges Werkzeug nutzen, das uns hilft, unsere Emotionen zu regulieren, Stress abzubauen und die Heilung zu fördern.

Wenn wir tief und bewusst atmen, aktivieren wir das parasympathische Nervensystem, das oft als "Ruhe- und Verdauungssystem" bezeichnet wird. Dieser Teil des Nervensystems hilft, der Kampf-oder-Flucht-Reaktion entgegenzuwirken, die nach einem traumatischen Erlebnis dominieren kann. Wenn wir langsam ein- und ausatmen, signalisieren wir unserem Körper, dass es sicher ist, sich zu entspannen. Dieser einfache Akt des Atmens schafft ein Gefühl der Ruhe und ermöglicht es uns, aus dem Chaos unserer Gedanken und Gefühle zurückzutreten. Im Wesentlichen dient die kontrollierte Atmung als sanfte Erinnerung an unseren Körper, dass wir nicht mehr in unmittelbarer Gefahr sind.

Atemarbeit, die verschiedene Techniken für den bewussten Einsatz des Atems umfasst, kann besonders für Traumaüberlebende effektiv sein. Durch Praktiken wie Zwerchfellatmung oder rhythmische Atemmuster können Einzelpersonen ihr Stress- und Angstniveau erheblich verringern. Denn wenn wir langsam und tief atmen, senken wir unsere Herzfrequenz und reduzieren die Produktion von Stresshormonen wie Cortisol. Dies wiederum hilft, körperliche Stresssymptome wie Verspannungen in den Muskeln, Verdauungsprobleme und Herzrasen zu lindern.

Darüber hinaus kann Atemarbeit die emotionale Regulation verbessern. Viele Traumaüberlebende befinden sich in einem Kreislauf intensiver Emotionen, die sich überwältigend anfühlen können. Durch atemfokussierte Übungen lernen die Menschen, Raum zwischen ihren Gedanken und Gefühlen zu schaffen und so ein größeres Gefühl der Kontrolle zu fördern. Wenn man mit belastenden Emotionen konfrontiert wird, können ein paar Momente bewussten Atmens helfen, den Einzelnen zu erden, so dass er mit größerer Klarheit und weniger Reaktivität auf seine Gefühle reagieren kann. Dies wird zu einem wichtigen Teil des Heilungsprozesses, da es dem Einzelnen hilft, seine emotionale Stabilität wiederzuerlangen.

Physiologisch sind die Auswirkungen des bewussten Atmens auf Traumaüberlebende bemerkenswert. Wenn sich die Atemmuster von flach und schnell zu tief und langsam verschieben, beginnt der Körper, gespeicherte Spannungen und Traumata zu lösen. Diese Verschiebung kann ein Gefühl von Leichtigkeit und Sicherheit fördern, nach dem sich viele Überlebende gesehnt haben. Darüber hinaus unterstützt die Sauerstoffversorgung des Körpers durch achtsames Atmen eine optimale Gehirnfunktion, die durch ein Trauma gestört werden kann. Ein verbesserter Sauerstofffluss verbessert nicht nur die kognitive Funktion, sondern hilft auch, Endorphine freizusetzen, die natürlichen Wohlfühlchemikalien des Körpers. Dies kann eine positive Rückkopplungsschleife schaffen, in der der Akt des Atmens die Heilung fördert, was wiederum die weitere Auseinandersetzung mit der Atemarbeit fördert.

Durch die Integration von Atemarbeit in ihren Genesungsweg können Traumaüberlebende eine tiefere Verbindung zu ihrem Körper aufbauen. Der Atem wird zu einem Anker, der ihnen hilft, sich im gegenwärtigen Moment zu zentrieren und sich wieder mit ihrem physischen Selbst zu verbinden. Diese Beziehung zum Atem fördert nicht nur die Heilung, sondern befähigt den Einzelnen auch, seine Emotionen mit neu gewonnener Widerstandsfähigkeit und Anmut zu steuern. Durch jedes Ein- und Ausatmen werden sie daran erinnert, dass sie die Fähigkeit haben, Frieden zu finden und das Gleichgewicht in ihrem Leben wiederherzustellen, einen Atemzug nach dem anderen.

Atmen für Ruhe: Einfache Techniken, die Sie jederzeit anwenden können

Wenn Stress und Ängste zuschlagen, kann es sich anfühlen, als würde alles außer Kontrolle geraten. Dein Herz rast, dein Atem wird flach und es fällt schwer, klar zu denken. Aber was wäre, wenn ich Ihnen sagen würde, dass es ein einfaches, zugängliches Werkzeug gibt, das Ihnen helfen kann, Ihre Ruhe wiederzuerlangen, egal wo Sie sind? Dein Atem. Durch den Einsatz spezifischer Atemtechniken können Sie die Stressreaktion Ihres Körpers direkt beeinflussen und Signale an Ihr Nervensystem senden, dass es sicher ist, sich zu entspannen. Schauen wir uns einige dieser Praktiken an, die Sie jederzeit anwenden können, wenn Sie sich erden und Ruhe finden müssen.

Die Zwerchfellatmung, oft auch Bauchatmung genannt, ist eine kraftvolle Möglichkeit, das natürliche Entspannungssystem des Körpers zu aktivieren. Die meisten von uns neigen dazu, flach in die Brust zu atmen, besonders wenn wir gestresst sind. Diese Art des Atmens verstärkt nur die Angst, da sie die Reaktion des Körpers auf Gefahren nachahmt. Die Zwerchfellatmung lädt Sie ein, langsamer zu werden und tiefe, volle Atemzüge zu nehmen, wodurch sich Ihr Zwerchfell erweitert. Es ist einfach. Lege zunächst eine Hand auf deine Brust und die andere auf deinen Bauch. Während du durch die Nase einatmest, versuche, deinen Bauch mit Luft zu füllen, und spüre, wie sie sich hebt, während deine Brust relativ ruhig bleibt. Atmen Sie dann langsam durch den Mund aus und drücken Sie die Luft sanft heraus. Dieser tiefe, achtsame Atem teilt Ihrem Gehirn mit, dass Sie in Sicherheit sind, und hilft Ihrem Körper, den Kampf-oder-Flucht-Modus zu verlassen. Mit etwas Übung kann die Zwerchfellatmung zu Ihrer bevorzugten Technik werden, um Ängste in stressigen Momenten zu lindern, egal ob Sie zu Hause, bei der Arbeit oder sogar in der Öffentlichkeit sind.

Eine weitere unglaublich effektive Methode zur Beruhigung des Geistes ist die Boxatmung, auch bekannt als Quadratatmung. Diese Technik ist bei vielen beliebt, auch bei Militärangehörigen und Ersthelfern, weil sie einfach, tragbar und schnell funktioniert. Stell dir ein Quadrat oder einen Kasten vor, wobei jede Seite einen Teil deines Atems darstellt. Du atmest langsam ein, zählst bis vier, hältst den Atem bis vier an, atmest vier aus und hältst wieder vier an, bevor du von vorne beginnst. Dieses rhythmische Muster lenkt nicht nur Ihren Geist von ängstlichen Gedanken ab, sondern hilft auch, Ihr Nervensystem zu regulieren, indem es das Gleichgewicht zwischen Ein- und Ausatmen fördert. Während du übst, stellst du vielleicht fest, dass sich deine Herzfrequenz verlangsamt, deine Muskeln sich zu lockern beginnen und ein Gefühl der Ruhe dich überkommt. Die Box-Atmung kann diskret durchgeführt werden, was sie zu einem praktischen Werkzeug bei Besprechungen, stressigen Gesprächen oder sogar wenn Sie mit rasenden Gedanken wach im Bett liegen.

Wenn Sie auf der Suche nach etwas sind, das sich meditativ anfühlt, bietet die alternative Nasenlochatmung eine wunderbar beruhigende Praxis. Diese Technik, die im Yoga als *Nadi Shodhana bekannt* ist, hilft, beide Seiten Ihres Gehirns und Ihres Körpers ins Gleichgewicht zu bringen. Suchen Sie sich zunächst eine bequeme Sitzposition. Lege deinen rechten Daumen auf dein rechtes Nasenloch, schließe es sanft und atme tief durch dein linkes Nasenloch ein. Schließen Sie bei vollem Atem Ihr linkes Nasenloch mit dem rechten Ringfinger, lösen Sie Ihren Daumen aus dem rechten Nasenloch und atmen Sie vollständig aus. Atmen Sie wieder durch das rechte Nasenloch ein, schließen Sie es und atmen Sie durch das linke aus. Wechseln Sie sich auf diese Weise ab und lassen Sie jeden Atemzug langsamer und tiefer werden. Diese Praxis hat eine wunderbar beruhigende Wirkung auf

Geist und Körper, da sie einen gleichmäßigen Energiefluss und ein Gefühl der inneren Harmonie fördert. Es ist besonders hilfreich, wenn du dich überfordert, zerstreut oder nicht im Einklang mit dir selbst fühlst.

Jede dieser Atemtechniken nutzt die angeborene Fähigkeit Ihres Körpers, sich selbst zu regulieren, und bietet eine Möglichkeit, aus dem Chaos des Stresses in einen Zustand der Leichtigkeit zurückzukehren. Egal, ob Sie sich für Zwerchfellatmung, Boxatmung oder abwechselnde Nasenlochatmung entscheiden, diese Werkzeuge sind immer bei Ihnen und bereit, bei Bedarf eingesetzt zu werden. Je mehr du übst, desto natürlicher fühlen sie sich an und werden zu vertrauenswürdigen Begleitern auf deinem Weg, um Ängste abzubauen und das Gleichgewicht in deinem Leben wiederherzustellen.

Atembewusstsein in stressigen Momenten

Wenn sich das Leben überwältigend anfühlt und sich dein Körper durch Stress oder Angst anspannt, ist eines der ersten Dinge, die sich verändern, deine Atmung. Es ist so leicht, es zu übersehen – flache, schnelle Atemzüge, die sich einschleichen, während dein Verstand rast und dich noch mehr außer Kontrolle bringt. Aber hier ist der Schlüssel: Ihr Atem ist nicht nur ein Spiegelbild dessen, was Sie fühlen, er ist auch ein mächtiges Werkzeug, das Sie nutzen können, um ein

Gefühl der Ruhe wiederzuerlangen. Ein Bewusstsein für deinen Atem zu entwickeln, ist wie einen ruhigen Anker mitten im Sturm zu haben. Es verlangt nichts von dir. Er ist immer da und wartet darauf, dass du ihn bemerkst.

Wenn Sie gestresst oder ängstlich sind, tritt Ihr Körper in einen Zustand erhöhter Wachsamkeit ein, und eines der unmittelbarsten Anzeichen dafür ist unregelmäßiges oder flaches Atmen. Vielleicht bemerkst du, dass deine Atemzüge schnell und scharf werden, oder vielleicht hältst du sogar unbewusst den Atem an und wappnest dich gegen die Anspannung in deinem Körper. Diese subtilen Veränderungen in Ihrer Atmung sind die Art und Weise, wie Ihr Körper Ihnen mitteilt, dass er sich im Überlebensmodus befindet, und Sie auf das vorbereitet, was er als Bedrohung wahrnimmt, selbst wenn diese Bedrohung nur ein Haufen Arbeit oder eine emotional aufgeladene Situation ist. Sich dieses Wandels bewusst zu werden, ist ein entscheidender erster Schritt. Indem du einfach bemerkst, wenn dein Atem kurz oder ungleichmäßig wird, bewegst du dich bereits auf einen Ort größerer Kontrolle und Selbstregulierung zu.

Das Schöne am Atembewusstsein ist, dass es keine spezielle Ausrüstung oder viel Zeit erfordert. In den Momenten, in denen der Stress Sie im Griff hat, nehmen Sie sich eine Sekunde Zeit, um einfach innezuhalten. Sie müssen nichts erzwingen. Merken Sie es sich einfach. Wie fühlt sich dein Atem gerade an? Wo spürst du es am meisten? Ist es flach, sitzt in Ihrer Brust oder reicht es bis in Ihren Bauch? Dieser kleine Akt des Einstellens kann die automatische Stressreaktion unterbrechen und Ihren Geist und Körper in den gegenwärtigen Moment zurückversetzen.

Sobald du bemerkt hast, wie sich Stress auf deinen Atem auswirkt, kannst du sanft damit beginnen, ihn in einen ruhigeren Rhythmus zu führen. Versuchen Sie, Ihren Fokus auf tiefere, langsamere Atemzüge zu verlagern. Atmen Sie durch die Nase ein und lassen Sie die Luft Ihren Bauch füllen, anstatt nur Ihre Brust. Lass den Atem deinen Bauch wie einen Luftballon ausdehnen. Wenn du ausatmest, tue dies langsam und vollständig, als würdest du die Spannung lösen, die sich in dir aufgebaut hat. Stell dir jeden Atemzug als eine Welle vor, die jedes Mal ein bisschen mehr von dem Stress wegspült. Vor allem das Ausatmen ist der Ort, an dem dein Körper beginnt, loszulassen. Hier lebt die Entspannung.

Sie müssen dies nicht zu einer dramatischen Veränderung machen. Schon kleine, bewusste Anpassungen deines Atems können eine tiefgreifende Wirkung haben. Manchmal kann es helfen, beim Einatmen nur bis vier und beim Ausatmen bis sechs oder acht zu zählen, um den Atem zu verlängern und alles zu verlangsamen. Je langsamer und tiefer Ihr Atem wird, desto mehr beginnt Ihr Nervensystem, vom Kampf-oder-Flucht-Modus zurück in einen Zustand der Ruhe und Erholung zu wechseln. Das ist die Kraft des achtsamen Atmens – es schaltet die Alarmglocken in

Ihrem Körper aus und signalisiert, dass es sicher ist, sich zu entspannen.

Fortgeschrittene Atemarbeit für tiefe Heilung

Wenn Sie weiterhin die somatische Therapie zur Traumabewältigung erforschen, fühlen Sie sich vielleicht bereit, über die grundlegenden Atemtechniken hinauszugehen und sich an fortgeschrittenere Atemübungen zu wagen. Techniken wie Holotropes Atmen oder SOMA Breathwork bieten tiefgreifende Werkzeuge für diejenigen, die eine tiefere Ebene der emotionalen Befreiung und Heilung suchen. Im Gegensatz zu grundlegenden Atemübungen, die sich in erster Linie auf die Erdung und Beruhigung des Nervensystems konzentrieren, tauchen diese fortgeschrittenen Methoden in die unterbewussten Schichten gespeicherter Traumata ein und ermöglichen es Ihnen, auf Emotionen zuzugreifen und diese zu verarbeiten, die sonst in Ihrem Körper gefangen bleiben könnten.

Holotropes Atmen, entwickelt von dem Psychiater Dr. Stanislav Grof, ist eine kraftvolle Technik, die entwickelt wurde, um veränderte Bewusstseinszustände durch beschleunigtes, rhythmisches Atmen zu induzieren. Diese Praxis spiegelt die erhöhte Atemfrequenz wider, die oft mit intensiven emotionalen Erfahrungen verbunden ist. Indem du dich bewusst auf diese tiefe, schnelle Atmung einlässt, kannst du den denkenden Verstand umgehen und Zugang zu unterdrückten Emotionen, Erinnerungen und Empfindungen erhalten. Viele beschreiben die Erfahrung als eine Reise in die Psyche, wo sie in der Lage sind, sich mit Traumata auseinanderzusetzen und diese zu lösen, die traditionelle Therapien möglicherweise nicht erreichen. Die Praxis wird in der Regel in einer unterstützenden Gruppe oder unter Anleitung eines ausgebildeten Moderators durchgeführt, der einen sicheren, geschlossenen Raum für emotionalen Ausdruck schafft. Die Sitzungen beinhalten oft stimmungsvolle Musik und Körperarbeit, um weitere Befreiung zu fördern.

SOMA Breathwork weist einige Ähnlichkeiten auf, hat aber einen etwas anderen Fokus. Es enthält rhythmische Atemmuster, die oft mit Musik synchronisiert sind, um einen meditativen, tranceähnlichen Zustand zu erzeugen. SOMA betont ein Gleichgewicht zwischen Hyperoxygenierung und Atemanhalten, um Ruhe und Klarheit zu induzieren und gleichzeitig die emotionale Befreiung zu erleichtern. Diese Praxis dient der Harmonisierung der Gehirnhälften, was Traumaüberlebenden helfen kann, sich wieder mit ihrem Körper zu verbinden und das Gefühl der Fragmentierung zu reduzieren, das ein Trauma oft mit sich bringt. Wie Holotropes Atmen fördert SOMA eine tiefere Verbindung zum Selbst, wodurch unterdrückte Emotionen freigesetzt und die Heilung auf zellulärer Ebene erleichtert werden.

Obwohl diese Techniken ein immenses Potenzial für die emotionale Befreiung bergen, ist es wichtig, sie mit Vorsicht anzugehen, insbesondere wenn Sie ein erhebliches Trauma erlebt haben. Die Intensität dieser Praktiken kann manchmal starke und rohe Emotionen hervorrufen, die überwältigend sein können, wenn sie nicht richtig vorbereitet sind. Aus diesem Grund wird die Zusammenarbeit mit einem ausgebildeten Praktiker dringend empfohlen, insbesondere in der Anfangsphase der Erkundung dieser fortgeschrittenen Atemmethoden. Ein erfahrener Moderator kann Sie durch den Prozess führen und sicherstellen, dass Sie sich während der gesamten Erfahrung sicher und unterstützt fühlen. Sie können dir auch dabei helfen, aufkommende Einsichten oder emotionale Befreiungen zu integrieren, so dass die Heilung Teil deiner fortlaufenden Reise wird und nicht etwas, das sich isolierend oder destabilisierend anfühlt.

Wenn du alleine übst, solltest du dich langsam an diese Techniken herantasten, besonders wenn du neu in der intensiveren Atemarbeit bist. Beginnen Sie damit, einen ruhigen, sicheren Raum zu schaffen, in dem Sie nicht gestört werden. Beginnen Sie mit kürzeren Sitzungen, achten Sie darauf, wie Ihr Körper reagiert, und machen Sie Pausen, wenn die Emotionen zu intensiv werden. Denken Sie daran, dass es nicht darum geht, den Prozess zu erzwingen – Ihr Körper wird Emotionen in seinem eigenen Tempo freisetzen. Regelmäßiges Üben, auch nur für kurze Zeiträume, kann mit der Technik Resilienz und Komfort aufbauen und dir den Zugang zu tieferen

Schichten der Heilung ermöglichen, wenn du dich bereit fühlst.

Holotropic und SOMA Breathwork haben das Potenzial, emotionale Schichten zu erschließen, die durch Gesprächstherapie oder grundlegende Entspannungsübungen unerreichbar erscheinen. Diese Praktiken bieten einen Weg, um den Körper zurückzugewinnen und Traumata auf eine Weise zu verarbeiten, die sich zutiefst persönlich und transformativ anfühlt. Denke nur daran, diese Reise mit dem gleichen Mitgefühl und der gleichen Geduld anzugehen, die du durch deine anderen somatischen Praktiken entwickelt hast. Atemarbeit ist, wie die Heilung selbst, kein Wettlauf – es ist ein Prozess, der sich in seiner eigenen Zeit entfaltet und dir genau das bietet, was du in jedem Moment brauchst.

Kapitel 5

Sanfte Bewegung – Lösen von Traumata durch den Körper

Bewegung spielt eine entscheidende Rolle bei der Traumabewältigung, da unser Körper die Erfahrungen des Traumas oft noch lange festhält, nachdem der Verstand sie verarbeitet hat. Wenn wir mit traumatischen Ereignissen konfrontiert werden, kann unsere natürliche Reaktion darin bestehen, entweder körperlich oder emotional zu erstarren. Dieses Einfrieren ist die Art und Weise, wie der Körper uns schützt, sich auf den Aufprall vorbereitet oder sich auf das Überleben vorbereitet. Im Laufe der Zeit können diese Schutzreaktionen jedoch Schichten von Anspannung, Steifheit und eingeschränkter Bewegung hinterlassen, die sich auf eine Weise manifestieren, die wir vielleicht nicht vollständig verstehen.

Ein Trauma kann ein Gefühl erzeugen, im Körper "festzustecken". Vielleicht bemerken Sie, dass sich Ihre Muskeln angespannt anfühlen oder dass sich Ihre Haltung verändert hat. Vielleicht fühlen sich bestimmte Bereiche Ihres Körpers taub, schwer oder ständig angespannt an. Diese Empfindungen sind oft das Ergebnis von Traumata, die physisch gespeichert werden, was ein Gefühl des Gefangenseins oder des Einfrierens in der Zeit hervorrufen kann. Wenn dies geschieht, kann unser Körper weiterhin auf Situationen reagieren, als ob das Trauma immer noch auftritt, obwohl die unmittelbare Gefahr vorüber ist. Dieser Zustand der Hypervigilanz kann zu chronischen Schmerzen, Kopfschmerzen, Verdauungsproblemen oder einfach nur zu einem allgemeinen Gefühl des Unbehagens führen.

Sanfte Bewegung bietet einen Weg, um diese gespeicherte Spannung und diesen Stress zu lösen. Indem du dich bewusst auf deinen Körper einlässt, erlaubst du ihm, sich zu befreien und wieder in einen Zustand des Fließens zu gelangen. Einfache Bewegungen wie Dehnen, Gehen oder achtsames Atmen können den Körper langsam wieder dazu bringen, sich sicher und entspannt zu fühlen. Bewegung hilft, den Geist wieder mit dem Körper zu verbinden und erinnert beide daran, dass das Trauma vorbei ist und es in Ordnung ist, loszulassen. Es geht nicht darum, den Körper durch intensives Training zu zwingen oder zu pushen; Vielmehr geht es darum, auf das zu hören, was sich angenehm anfühlt, den Bewegungsradius langsam zu erweitern und den Körper einzuladen, das loszulassen, was er festgehalten hat.

Bei der Traumabewältigung dient Bewegung auch als Möglichkeit, ein Gefühl der Kontrolle wiederherzustellen. Ein Trauma lässt uns oft machtlos fühlen, und indem wir kleine, bewusste Handlungen ausführen – sei es das Rollen der Schultern oder das Wiegen von einer Seite zur anderen – erinnern Sie sich daran, dass Sie jetzt die Kontrolle über Ihren Körper haben. Dieser Akt der Rückgewinnung des Körpers durch etwas so Einfaches wie Dehnen oder tiefes Atmen kann tiefgreifende psychologische und emotionale Auswirkungen haben. Mit der Zeit wird Bewegung zu mehr als nur einer körperlichen Befreiung; Es wird zu einer Möglichkeit, Vertrauen zu deinem Körper aufzubauen und dir zu helfen, dich geerdeter und präsenter zu fühlen.

Sanftes Dehnen zum Lösen von Verspannungen

Wenn es darum geht, die körperliche Spannung, die in unserem Körper durch Traumata gespeichert ist, zu lösen, kann sanftes Dehnen ein mächtiges Werkzeug sein. Traumata setzen sich oft in Bereichen wie Nacken, Schultern und unterem Rücken ab und führen zu Verspannungen und Beschwerden, die sich sowohl auf unser körperliches als auch auf unser emotionales Wohlbefinden auswirken können. Indem Sie Bewegung und Atem in diese Bereiche bringen, können Sie beginnen, diese Spannung zu lösen, was zu Entspannung und einem Gefühl der Befreiung einlädt.

Beginnen wir mit einer einfachen Nackendehnung. Beginnen Sie damit, einen bequemen Sitz zu finden, sei es auf einem Stuhl oder auf dem Boden, und stellen Sie sicher, dass Ihre Wirbelsäule hoch und Ihre Schultern entspannt sind. Lassen Sie Ihr rechtes Ohr sanft in Richtung Ihrer rechten Schulter sinken und halten Sie Ihre Schultern weich und von Ihren Ohren fern. Möglicherweise spürst du eine Dehnung entlang der linken Seite deines Nackens – lass es sanft sein, hier gibt es keinen Zwang. Wenn es sich richtig anfühlt, strecke deinen linken Arm an deiner Seite nach unten oder lege deine rechte Hand sanft auf die Seite deines Kopfes, um dich tiefer zu dehnen. Halten Sie diese Position für ein paar langsame Atemzüge, damit Ihre Ausatmungen das Lösen von Spannungen fördern. Wenn du fertig bist, kehre langsam zur Mitte zurück und wiederhole den Vorgang auf der anderen Seite. Diese Dehnung hilft, die Verspannungen zu lösen, die sich im Nacken und in den oberen Schultern ansammeln, Bereiche, die oft von Stress und emotionaler Belastung betroffen sind.

Probiere für deine Schultern eine Schulterrollenübung aus. Sitzen oder stehen Sie bequem mit entspannten Armen an den Seiten. Hebe beim Einatmen langsam deine Schultern in Richtung deiner Ohren. Rollen Sie sie beim Ausatmen zurück und unten und machen Sie mit Ihren Schultern eine kreisende Bewegung. Diese rollende Wirkung hilft, die chronischen Verspannungen zu lösen, die sich oft in diesem Bereich aufbauen, während sie gleichzeitig die Durchblutung verbessert und den Brustkorb öffnet. Du kannst die Bewegung umkehren, indem du deine Schultern nach vorne rollst, wenn sich das für dich gut anfühlt. Nimm dir ein paar Augenblicke Zeit, um zu bemerken, wie sich diese einfache Bewegung anfühlt, und denke daran, sie mit deinem Atem zu synchronisieren – atme ein, während du hebst, und atme aus, wenn du loslässt.

Als nächstes konzentrieren wir uns auf den unteren Rücken, einen Bereich, in dem viele von uns körperliche Belastung speichern. Dafür kann eine sitzende Vorwärtsbeuge Abhilfe schaffen. Setze dich mit ausgestreckten Beinen auf den Boden. Atme ein und strecke deine Wirbelsäule, indem du deine Arme über den Kopf streckst. Beim Ausatmen beugen Sie sich von Ihren Hüften nach vorne und lassen Sie Ihre Hände dort ruhen, wo sie von Natur aus fallen – auf Ihren Oberschenkeln, Schienbeinen oder Füßen. Halten Sie Ihre Wirbelsäule lang und vermeiden Sie es, Ihren Rücken zu runden, und konzentrieren Sie sich mehr auf das Gefühl, den unteren Rücken und die Kniesehnen zu dehnen, als darauf, wie weit Sie sich falten können. Atmen Sie hier tief ein, spüren Sie die sanfte Dehnung in Ihrem unteren Rücken und versuchen Sie mit jedem Ausatmen, ob Sie ein wenig weicher werden können. Diese Bewegung hilft, Verspannungen in der unteren Wirbelsäule und in den Hüften zu lösen, Bereiche, die sich angespannt oder sogar blockiert anfühlen können, wenn wir ein Trauma erlebt haben.

Für eine tiefere Entspannung und einen Fokus auf den gesamten Körper versuchen Sie es mit einer Drehung im Liegen. Legen Sie sich auf den Rücken, die Knie gebeugt und die Füße flach auf dem Boden. Strecken Sie Ihre Arme in einer T-Form zu den Seiten aus, die Handflächen zeigen nach oben. Lassen Sie beim Ausatmen beide Knie langsam nach rechts sinken und halten Sie Ihre Schultern sanft auf den Boden gedrückt. Wenn es sich gut anfühlt, kannst du deinen Kopf nach links drehen, um die Drehung zu verstärken. Halten Sie hier, atmen Sie tief in Ihren Bauch und spüren Sie die Dehnung in Ihrem unteren Rücken, Ihren Hüften und Ihrer Wirbelsäule. Bringen Sie nach ein paar Atemzügen Ihre Knie sanft wieder in die Mitte und wiederholen Sie den Vorgang auf der anderen Seite. Das Drehen ist eine wunderbare Möglichkeit, die Wirbelsäule zu entspannen und Verspannungen zu lösen, die sich tief in den Muskeln um den unteren Rücken und die Hüften verstecken können.

Eine weitere Dehnung, die für eine deutliche Entlastung sorgen kann, ist der Schulteröffner. Stellen Sie sich dazu aufrecht hin, die Füße hüftbreit auseinander und verschränken Sie die Hände hinter dem Rücken. Strecken Sie Ihre Arme und heben Sie beim Einatmen sanft Ihre Brust an, während Sie Ihre Schulterblätter zusammendrücken. Stell dir vor, dein Herz öffnet sich, wenn deine Schultern nach hinten und unten rollen und Platz auf deiner Brust schaffen. Halten Sie hier für ein paar Atemzüge, damit Ihre Schultern weich werden und sich ausdehnen können. Wenn es sich sicher anfühlt, kannst du die Dehnung vertiefen, indem du dich in der Hüfte nach vorne beugst, deine Arme über den Kopf strecken lässt und dich durch die Schultern streckst. Diese Bewegung hilft, den Auswirkungen des Vorwärtsbeugens entgegenzuwirken – etwas, das viele von uns tun, wenn wir uns gestresst, ängstlich oder schützend für unseren emotionalen Raum fühlen.

Lassen Sie uns zum Schluss mit einer Dehnung schließen, die auf die Hüften abzielt, die dafür bekannt sind, emotionale Spannungen zu speichern. Beginnen Sie damit, in eine niedrige Ausfallschrittposition zu kommen, wobei der rechte Fuß nach vorne und das linke Knie hinter Ihnen auf dem Boden ruht. Achte darauf, dass dein vorderes Knie über deinem Knöchel liegt, und lege deine Hände zur Unterstützung auf deinen vorderen Oberschenkel. Atmen Sie tief ein und drücken Sie beim Ausatmen sanft Ihre Hüften nach vorne, während Sie eine Dehnung entlang der Vorderseite Ihrer linken Hüfte und Ihres Oberschenkels spüren. Hier tragen viele von uns die Last von Stress und Traumata, und die Öffnung dieses Raumes kann eine tiefgreifende Erleichterung bringen. Bleibe hier für einige Atemzüge, lasse deine Hüften langsam los, und wechsle dann auf die andere Seite, wenn du bereit bist.

Diese Dehnungen helfen nicht nur, körperliche Verspannungen zu lösen, sondern schaffen auch Raum für emotionale Heilung. Indem du dich mit Absicht bewegst und dich auf deinen Atem konzentrierst, gibst du deinem Körper die sanfte Unterstützung, die er braucht, um das loszulassen, woran er festhält. Während du übst, erlaube dir, die Befreiung zu spüren, in dem Wissen, dass jede Dehnung ein Schritt ist, um den Komfort deines Körpers zurückzugewinnen.

Einführung in das Somatic Yoga

Somatisches Yoga ist ein sanfter, traumainformierter Bewegungsansatz, der eine Möglichkeit bietet, sich in einer sicheren und unterstützenden Umgebung wieder mit deinem Körper zu verbinden. Im Gegensatz zum traditionellen Yoga, bei dem der Fokus manchmal auf dem Erreichen bestimmter Posen oder körperlicher Ziele liegen kann, lädt somatisches Yoga dazu ein, langsamer zu werden und die Empfindungen des Körpers mit Neugier und Mitgefühl zu erkunden. Es ist eine Praxis, die in Achtsamkeit verwurzelt ist und Ihnen helfen soll, ein tieferes Bewusstsein für Ihren Körper, Ihren Atem und Ihre Emotionen zu entwickeln, was besonders wichtig für diejenigen ist, die sich von einem Trauma erholen.

Ein Trauma hinterlässt oft seine Spuren im Körper und verursacht Anspannung, Unbehagen oder sogar ein Gefühl der Trennung. Somatisches Yoga versucht, dies anzugehen, indem es dich durch langsame, achtsame Bewegungen führt, bei denen es weniger darum geht, eine endgültige Pose zu erreichen, als vielmehr darum, zu bemerken, wie sich dein Körper anfühlt, wenn du dich bewegst. Jede Bewegung wird zu einer Gelegenheit, auf die Signale deines Körpers zu hören, zu beobachten, wo du die Spannung halten könntest, und sie allmählich zu lösen. Auf diese Weise ist somatisches Yoga weniger leistungsbasiert und mehr erfahrungsorientiert. Es gibt keinen richtigen oder falschen Weg, sich zu bewegen – nur deinen Weg, in diesem Moment.

Eine typische somatische Yogapraxis kann mit ein paar Momenten der Stille beginnen, die es dir ermöglichen, dich in deinem Raum niederzulassen und dir deines Körpers bewusst zu werden. Du könntest damit beginnen, den Rhythmus deines Atems zu bemerken oder die Art und Weise, wie sich dein Körper mit dem Boden unter dir verbindet. Während du dich durch die Praxis bewegst, liegt der Schwerpunkt auf langsamen, bewussten Bewegungen, die es dir ermöglichen, mit den Empfindungen in deinem Körper präsent zu bleiben. Die Bewegungen sind oft klein und subtil, aber unglaublich tiefgründig in ihrer Fähigkeit, Spannungen zu lösen und ein Gefühl der inneren Ruhe zu fördern.

Eine Anfängerpose, die du ausprobieren könntest, ist zum Beispiel die "Somatische Katze-Kuh", eine sanfte Variation der traditionellen Katze-Kuh-Dehnung. Wenn du dich zwischen dem Wölben und dem Runden deines Rückens bewegst, liegt der Fokus im somatischen Yoga nicht darauf, wie weit du gehen kannst, sondern darauf, wie sich die Bewegung in deiner Wirbelsäule anfühlt. Du könntest deine Augen schließen, um deinen inneren Fokus zu verbessern, dich langsam bewegen und innehalten, um Bereiche zu bemerken, in denen du dich verspannt oder entspannt fühlst. Der Schlüssel ist, auf deinen Körper zu hören und die Bewegung so anzupassen, dass sie zu dem passt, was sich für dich im Moment richtig anfühlt.

Eine andere Anfängersequenz könnte eine "Somatic Forward Fold" beinhalten. Anstatt dich zu bemühen, deine Zehen zu erreichen, beugst du dich nur so weit nach vorne, wie es sich angenehm anfühlt, und achtest auf die Dehnung in deinen Kniesehnen und im unteren Rücken. Der Schwerpunkt liegt hier darauf, sich in die Pose hineinzuversetzen und den Atem zu nutzen, um Spannungen abzubauen, anstatt den Körper zu zwingen, tiefer zu gehen. Während du einatmest, könntest du dich sanft wieder halb nach oben heben, deine Wirbelsäule verlängern, und beim Ausatmen mit einem Gefühl der Leichtigkeit und Hingabe wieder nach unten klappen.

Sicherheit und Selbstmitgefühl sind im somatischen Yoga von zentraler Bedeutung. Es gibt keinen Drang, etwas zu erreichen; Stattdessen wirst du ermutigt, die Grenzen deines Körpers zu respektieren und dich auf eine Weise zu bewegen, die sich nährend anfühlt. Wenn Sie sich unwohl fühlen oder Schmerzen verspüren, ist dies ein Signal, die Bewegung zu ändern oder eine Pause einzulegen. Beim somatischen Yoga geht es darum, sich selbst die Erlaubnis zu geben, sich bei Bedarf auszuruhen, und darauf zu vertrauen, dass der Körper in jedem Moment weiß, was er braucht. Diese Praxis lehrt dich, dich mit deinem Körper anzufreunden, ihm Freundlichkeit zu erweisen und ein Gefühl der Sicherheit in dir selbst wiederherzustellen.

Wenn du somatisches Yoga erkundest, wirst du vielleicht subtile Veränderungen in der Art und Weise bemerken, wie du deinen Körper erlebst. Die Bewegungen können sich flüssiger anfühlen, und mit der Zeit wirst du vielleicht feststellen, dass du dich immer mehr auf die Signale deines Körpers einstellst, sowohl auf als auch neben der Matte. In dieser Praxis gibt es keine Eile – nur eine sanfte Einladung, sich mit Bewusstheit und Mitgefühl zu bewegen, einen Atemzug nach dem anderen.

Achtsames Gehen: Heilung Schritt für Schritt

Achtsames Gehen ist eine schöne und zugängliche Möglichkeit, sanfte Bewegung mit somatischem Bewusstsein zu verbinden. Es geht nicht um das Ziel, sondern darum, langsamer zu werden und sich Schritt für Schritt wieder mit deinem Körper zu verbinden. Stell dir vor, du gehst nicht nur als ein Mittel, um irgendwohin zu gelangen, sondern als eine Form der Heilung – ein Moment, in dem Körper, Geist und Atem in Harmonie zusammenkommen. Wenn du mit dieser Praxis beginnst, ist es das Ziel, ein Gefühl der Präsenz in jede Bewegung einzuladen und auf die Empfindungen zu achten, die in deinem Körper entstehen, wenn jeder Fuß auf den Boden trifft.

Suchen Sie sich zunächst einen ruhigen Ort, an dem Sie ohne Ablenkungen spazieren gehen können. Das kann ein Park, dein Garten oder sogar ein Flur in deinem Haus sein. Beginne damit, einen Moment still zu stehen und deine Füße in der Erde verwurzeln zu lassen. Fühle die Festigkeit unter dir, wie der Boden dich trägt. Atmen Sie ein paar Mal tief ein und lassen Sie Ihren Körper zur Ruhe kommen und Ihren Geist entschleunigen. Achte darauf, wie sich dein Gewicht von einem Fuß auf den anderen verlagert, wie deine Beine dich mühelos stützen. Dieser Erdungsmoment ist eine Erinnerung daran, dass du von der Erde gehalten wirst, dass du ihr vertrauen kannst, dass sie dein Gewicht trägt, egal wie schwer oder leicht du dich fühlst.

Wenn du anfängst zu gehen, verlangsame dein Tempo. Dabei handelt es sich nicht um ein eiliges oder mechanisches Uhrwerk, sondern um einen sanften, bewussten Schritt nach vorne. Lenke bei jedem Schritt deine Aufmerksamkeit auf deine Füße. Spüren Sie, wie Ihre Ferse den Boden berührt, dann den Fußballen und schließlich Ihre Zehen. Achte auf die subtilen Verschiebungen des Gewichts und der Balance, wenn du von einem Fuß auf den anderen wechselst. Es gibt einen Rhythmus in dieser Bewegung, einen ruhigen Tanz zwischen deinem Körper und der Erde. Erlauben Sie sich, jeden Teil des Prozesses vollständig zu erleben. Wie fühlen sich deine Muskeln an, wenn sie sich anspannen, um deinen Fuß zu heben? Was passiert in deinen Beinen und Hüften, wenn sie sich im Gleichklang bewegen?

Achtsames Gehen lädt dich ein, ganz in deinem Körper präsent zu sein, zu bemerken, wie er sich bewegt, auf seine Signale zu hören. Wenn du merkst, dass deine Gedanken abschweifen, bringe sie sanft zu den Empfindungen in deinen Füßen oder der Bewegung deiner Beine zurück. Es gibt keinen Grund, sich selbst dafür zu verurteilen, dass du dich treiben lässt – das ist Teil der Praxis. Du kehrst einfach zurück, immer und immer wieder, in den gegenwärtigen Augenblick, in deinen Körper, auf die Erde unter dir.

Achte beim Gehen auf die Verbindung zwischen deinem Atem und deiner Bewegung. Vielleicht stellen Sie fest, dass sich Ihr Atem auf natürliche Weise mit Ihren Schritten synchronisiert, was ein Gefühl des Flusses erzeugt. Spüren Sie, wie der Atem Ihren Körper nährt und Ihnen die Energie gibt, einen weiteren Schritt zu tun. Jeder Atemzug, jeder Schritt ist eine Erinnerung daran, dass du lebendig bist, dass du voranschreitest, dass Heilung geschieht, auch in diesen kleinen Momenten. In dieser Praxis gibt es keine Eile. Tatsächlich ist es wichtig, langsamer zu werden – sich selbst die Erlaubnis zu geben, jeden Schritt, jeden Atemzug zu genießen.

Achtsames Gehen kann bei der Traumabewältigung besonders wirkungsvoll sein, da Traumata uns oft von unserem Körper trennen. Wir fühlen uns vielleicht wie Fremde in unserer eigenen Haut, unsicher, wie wir uns voll und ganz leben sollen. Indem wir dem einfachen Akt des Gehens sanftes Bewusstsein verleihen, beginnen wir, diese Verbindung zurückzugewinnen.

Jeder Schritt wird zu einer Gelegenheit, uns zu erden, die Erde unter uns zu spüren und unseren Körper daran zu erinnern, dass es sicher ist, hier zu sein. Auf diese Weise zu gehen ermöglicht es uns, gespeicherte Spannungen zu lösen, die Verspannungen loszulassen, die Traumata so oft in unseren Muskeln und Geweben erzeugen. Es ist, als ob wir mit jedem Schritt ein wenig mehr von der Last abwerfen und Platz für Leichtigkeit, für Befreiung und Heilung schaffen.

Es hat etwas zutiefst Tröstliches zu wissen, dass die Erde immer da ist und dich bei jedem Schritt unterstützt. Beim achtsamen Gehen wirst du dir dieser Beziehung bewusst, der Art und Weise, wie sich deine Füße mit dem Boden verbinden, der Art und Weise, wie die Erde dich aufrecht hält, egal wo du dich auf deiner Reise befindest. Diese Praxis hilft dir, zu deinem Körper zurückzukehren, die einfachen Freuden der Bewegung zurückzugewinnen und ein Gefühl der Verbundenheit wiederherzustellen, das nach einem Trauma verloren gegangen sein könnte. Durch diese sanfte, achtsame Praxis beginnst du, Schritt für Schritt eine Brücke zurück zu dir selbst zu bauen.

Kapitel 6

Navigieren von Auslösern und emotionalen Flashbacks

Was sind Auslöser und warum treten sie auf?

Auslöser sind im Rahmen der Traumabewältigung Erfahrungen, Empfindungen oder Situationen, die den emotionalen, körperlichen oder seelischen Schmerz zurückbringen, der mit einem ungelösten Trauma verbunden ist. Diese Auslöser können alles sein, von einem Geruch, einem Geräusch, einem bestimmten Wort oder sogar einer Umgebung, die oberflächlich betrachtet nichts mit dem traumatischen Ereignis selbst zu tun zu haben scheint. Wenn ein Trauma nicht vollständig verarbeitet wird, speichern Körper und Geist Fragmente der Erfahrung, oft auf subtile, unerwartete Weise. Das bedeutet, dass selbst scheinbar harmlose Reize eine Kaskade von Reaktionen auslösen können, die jemanden in den emotionalen Zustand zurückversetzen, in dem er sich während des traumatischen Ereignisses befand.

Auslöser entstehen, weil ungelöste Traumata oft unter der Oberfläche verweilen und darauf warten, durch etwas aktiviert zu werden, das den Körper oder Geist an die ursprüngliche Erfahrung erinnert. Das Gehirn ist unglaublich leistungsfähig darin, Punkte zu verbinden, selbst wenn wir uns dieser Verknüpfungen nicht bewusst sind. Wenn zum Beispiel jemand während eines Gewitters ein traumatisches Ereignis erlebt hat, kann selbst das ferne Donnergrollen ein tiefes Gefühl der Angst hervorrufen. Diese Auslöser umgehen den rationalen Verstand und ziehen eine Person direkt in die Kampf-, Flucht- oder Erstarrungsreaktion ihres Körpers hinein. Es ist, als ob sich der Körper an das Trauma erinnert, bevor das Gehirn es überhaupt aufholen kann. Aus diesem Grund kann ein Auslöser zu überwältigenden Emotionen, Flashbacks oder sogar körperlichen Symptomen wie Zittern, Schwitzen oder Herzrasen führen.

Flashbacks sind eine der häufigsten Folgen von Triggern. In einer Rückblende kann sich eine Person so fühlen, als würde sie das traumatische Ereignis in Echtzeit noch einmal erleben. Die Anblicke, Geräusche und Empfindungen der Vergangenheit können ihr Bewusstsein überfluten, was es schwierig macht, zwischen Vergangenheit und Gegenwart zu unterscheiden. Selbst wenn die Person intellektuell weiß, dass sie in Sicherheit ist, reagiert ihr Körper, als ob sie in unmittelbarer Gefahr wäre. Diese überwältigende Erfahrung kann erschreckend sein und jemanden machtlos zurücklassen. Es ist wichtig, sich daran zu erinnern, dass dies die Art und Weise des Körpers ist, sich selbst zu schützen, auch wenn er sich alles andere als beschützend anfühlt.

Körperliche Reaktionen auf Auslöser sind ebenfalls häufig. Manche Menschen verspüren ein Engegefühl in der Brust, ein klopfendes Herz oder zitternde Gliedmaßen. Diese Reaktionen sind Anzeichen dafür, dass das Nervensystem des Körpers auf eine wahrgenommene Bedrohung reagiert, auch wenn diese Bedrohung im Moment nicht wirklich vorhanden ist. Auslöser können auch zu emotionaler Überforderung führen, die zu Gefühlen von intensiver Angst, Wut, Traurigkeit oder Panik führt. Diese Emotionen können plötzlich auftreten und sie scheinen in keinem Verhältnis zur jeweiligen Situation zu stehen, was zu der Verwirrung und dem Kummer beitragen kann, die jemand empfinden könnte.

Häufige Auslöser können von Person zu Person sehr unterschiedlich sein. Ein bestimmter Duft, wie Parfüm oder Zigarettenrauch, kann jemanden an einen traumatischen Moment erinnern. Ein lautes Geräusch, wie ein Feuerwerk oder eine zuschlagende Tür, kann ihnen plötzlich das Gefühl geben, mitten in einer gewalttätigen Situation zu sein. Sogar eine bestimmte Jahreszeit, ein Lied oder die Art und Weise, wie jemand spricht, kann als Auslöser wirken. Der Schlüssel ist, dass diese Auslöser zutiefst persönlich sind und oft mit sensorischen Erinnerungen verbunden sind, die das Bewusstsein vielleicht nicht vollständig erkennt, die der Körper jedoch lebhaft abruft.

Es ist wichtig, dass die Leser verstehen, dass diese Reaktionen völlig normal sind. Auslöser sind keine Anzeichen von Schwäche oder Versagen, sondern einfach eine Reflexion darüber, wie sich ein Trauma auf das Nervensystem ausgewirkt hat. Der Körper tut sein Bestes, um sich zu schützen, auch wenn es sich nicht immer so anfühlt, als wäre es das, was gerade passiert. Die Auslöser und Reaktionen eines jeden Menschen werden einzigartig sein, und sie zu erkennen, ist der erste Schritt, um zu verstehen, wie sich ein Trauma weiterhin auf Geist und Körper auswirkt, auch lange nachdem das Ereignis selbst vorüber ist.

Identifizieren Sie Ihre persönlichen Auslöser

Das Verständnis Ihrer persönlichen Auslöser ist einer der wichtigsten Schritte auf Ihrem Weg zur Traumabewältigung. Es ist, als würdest du ein Licht auf die unsichtbaren Kräfte werfen, die deine Emotionen antreiben, und dir ermöglichen, die Kontrolle darüber wiederzuerlangen, wie du auf Stress oder belastende Situationen reagierst. Auslöser können viele Formen annehmen – bestimmte Orte, Menschen, Gerüche,

Geräusche oder sogar Gedanken. Sie schüren Erinnerungen und Emotionen aus der Vergangenheit und bringen oft Gefühle von Angst oder Furcht an die Oberfläche. Der Schlüssel, um sie zu bewältigen, liegt darin, sie zu erkennen, und das beginnt damit, Muster in der Reaktion von Körper und Geist zu erkennen.

Beginnen Sie damit, auf Ihre emotionalen und körperlichen Reaktionen in verschiedenen Situationen zu achten. Wenn du eine plötzliche Welle von Angst, Traurigkeit oder Wut spürst, halte einen Moment inne und frage dich: *Was ist gerade passiert?* Das kann etwas so Subtiles sein wie ein bestimmter Tonfall, die Art und Weise, wie ein Raum beleuchtet wird, oder sogar eine bestimmte Tageszeit. Diese mögen unbedeutend erscheinen, aber sie können eindringliche Erinnerungen an vergangene Traumata sein. Behalten Sie ein kleines Notizbuch oder verwenden Sie eine App auf Ihrem Handy, um Momente zu notieren, in denen Sie bemerken, dass diese Gefühle aufkommen. Schreibe so viele Details wie möglich über die Situation auf, einschließlich der körperlichen Empfindungen, die damit einhergingen – raste dein Herz? Haben sich Ihre Muskeln angespannt? Spürten Sie ein Engegefühl in der Brust oder im Hals? Diese körperlichen Signale sind oft die ersten Anzeichen dafür, dass Ihr Körper auf einen Auslöser reagiert, bevor Ihr Verstand ihn vollständig erkennt.

Lassen Sie uns dieses Bewusstsein nun einen Schritt weiter gehen, indem wir über diese Momente auf eine tiefere Weise nachdenken. Wenn Sie ein paar

Erlebnisse protokolliert haben, nehmen Sie sich Zeit an einem ruhigen Ort, an dem Sie Ihre Notizen noch einmal durchsehen können. Fragen Sie sich beim Lesen: *Gibt es hier irgendwelche Muster?* Bemerken Sie, dass bestimmte Arten von Interaktionen oder bestimmte Umgebungen dazu neigen, diese Reaktionen auszulösen? Vielleicht verunsichern Sie laute Geräusche oder plötzliche Planänderungen. Oder vielleicht erinnern dich bestimmte Gerüche oder Texturen an vergangene Erfahrungen. Diese Muster sind Hinweise auf deine persönlichen Auslöser, und sie zu erkennen ist der erste Schritt, um ihre Macht über dich zu entschärfen.

Achten Sie nicht nur darauf, Muster in Ihren emotionalen Reaktionen zu erkennen, sondern auch auf Ihre körperlichen Reaktionen. Dein Körper gibt dir oft Informationen, die dein Verstand zu beschäftigt ist, um sie zu bemerken. Zum Beispiel kann ein plötzliches Gefühl des Unbehagens, eine Veränderung Ihrer Haltung oder der Wunsch, sich aus einer Situation zurückzuziehen, die Art und Weise Ihres Körpers sein, Sie auf etwas aufmerksam zu machen, das sich unsicher oder überwältigend anfühlt. Wenn du dich auf diese Signale einstimmst, kannst du dich besser auf deine Auslöser einstimmen. Wenn du diese Reaktionen spürst, halte inne und überprüfe dich mit dir selbst: *Was fühle ich in diesem Moment? Was mag gerade dieses Gefühl ausgelöst haben?* Dieser Prozess der Selbsterforschung kann Verbindungen zwischen Ihren vergangenen Erfahrungen und Ihrem gegenwärtigen emotionalen und körperlichen Zustand beleuchten.

Um Ihre Auslöser weiter zu identifizieren, ermutige ich Sie, eine Übung zu üben, die ich gerne "Körper-Geist-Mapping" nenne. Setze dich zunächst an einen ruhigen Ort und schließe die Augen. Atmen Sie ein paar Mal tief durch, erlauben Sie sich, sich zu entspannen und sich im gegenwärtigen Moment niederzulassen. Während du atmest, richte dein Bewusstsein auf verschiedene Teile deines Körpers, beginnend mit deinem Kopf und hinunter zu deinen Zehen. Achten Sie darauf, ob sich Bereiche angespannt, angespannt oder unangenehm anfühlen. Denken Sie nun an einen kürzlichen Moment zurück, in dem Sie sich getriggert oder ängstlich gefühlt haben, und prüfen Sie, ob die Erinnerung an diese Situation körperliche Veränderungen verursacht. Zieht sich die Brust zusammen oder rast das Herz? Fühlt sich Ihr Körper schwerer oder leichter an? Indem Sie diese Empfindungen abbilden, können Sie beginnen, bestimmte emotionale Reaktionen mit körperlichen Hinweisen zu verbinden.

Die Verfolgung Ihrer emotionalen und körperlichen Reaktionen im Laufe der Zeit ist der Schlüssel zum Verständnis Ihrer Auslöser. Es kann hilfreich sein, eine Zeitschrift zu erstellen, die speziell diesem Zweck gewidmet ist. Schreibe jeden Tag Situationen auf, die sich emotional aufgeladen anfühlten, wie dein Körper reagiert hat und welche Empfindungen oder Erinnerungen aufgetaucht sind. Mit der Zeit wirst du anfangen, die Situationen, Umgebungen oder sogar

Arten von Interaktionen klarer zu sehen, die wahrscheinlich Stress, Angst oder Flashbacks hervorrufen. Der Akt des Aufschreibens hilft auch, diese Erfahrungen nach außen zu tragen, so dass sie sich überschaubarer und weniger überwältigend anfühlen.

Wenn du diese Muster aufdeckst, denke daran, dass es hier nicht um Selbstverurteilung, sondern um Selbstwahrnehmung geht. Es ist ein fortlaufender Prozess, in dem man lernt, sich selbst besser zu verstehen und die Kontrolle über diese verborgenen Kräfte zurückzugewinnen, die sich vielleicht so lange unkontrollierbar angefühlt haben. Indem du deine Auslöser erkennst, kannst du dich darauf vorbereiten – entweder indem du Wege findest, sie nach Möglichkeit zu vermeiden, oder indem du Strategien entwickelst, um mit deinen Reaktionen umzugehen, wenn sie auftreten. Erinnern Sie sich immer wieder daran, dass dies eine Reise ist, auf der selbst kleine Schritte nach vorne wichtig sind und es wert sind, gefeiert zu werden. Du lernst, dich jeden Tag bewusster und stärker in deiner Welt zurechtzufinden.

Somatische Techniken zur Bewältigung von Auslösern

Wenn es darum geht, mit emotionalen Auslösern und Flashbacks umzugehen, können somatische Techniken unglaublich effektiv sein, um Ihnen zu helfen, geerdet und im Moment präsent zu bleiben. Ein wirkungsvoller Ansatz ist die Erdung. Bei dieser Technik geht es darum, sich wieder mit deinem Körper und dem physischen Raum um dich herum zu verbinden, was es dir ermöglicht, dich in der Gegenwart zu verankern, anstatt dich von überwältigenden Emotionen mitreißen zu lassen. Du könntest eine einfache Erdungsübung wie die "5-4-3-2-1"-Technik ausprobieren. Beginne damit, tief durchzuatmen, und notiere dir dann fünf Dinge, die du sehen kannst, vier Dinge, die du berühren kannst, drei Dinge, die du hören kannst, zwei Dinge, die du riechen kannst, und eine Sache, die du schmecken kannst. Dieses sensorische Bewusstsein hilft Ihnen, Ihre Aufmerksamkeit von belastenden Gedanken abzulenken und bringt Sie zurück in Ihre Umgebung.

Achtsames Atmen ist ein weiteres wertvolles Werkzeug in Ihrem somatischen Werkzeugkasten. Es ist erstaunlich, wie etwas so Einfaches wie Ihr Atem in intensiven Momenten als Rettungsanker dienen kann.

Wenn du bemerkst, dass deine Angst zunimmt oder ein Flashback beginnt, nimm dir einen Moment Zeit, um dich auf deinen Atem zu konzentrieren. Atmen Sie tief durch die Nase ein, lassen Sie Ihren Bauch sich ausdehnen, und atmen Sie dann langsam durch den Mund aus. Versuchen Sie, Ihre Atemzüge zu zählen – atmen Sie bis vier ein, halten Sie bis vier und atmen Sie sechs Mal aus. Dieses rhythmische Muster beruhigt nicht nur Ihren Geist, sondern sendet auch Signale an Ihr Nervensystem, dass es sicher ist, sich zu entspannen. Indem Sie sich mit achtsamer Atmung beschäftigen, können Sie ein Gefühl von Raum zwischen sich und dem emotionalen Sturm schaffen, was dazu beiträgt, die Intensität Ihrer Triggerreaktion zu reduzieren.

Selbstberuhigende Übungen sind eine weitere fantastische Möglichkeit, um mit emotionalen Auslösern umzugehen. Betrachten Sie diese Techniken als Ihr persönliches Komfort-Toolkit. Wenn du dich in Not befindest, wickelst du dir vielleicht eine warme Decke um die Schultern, nimmst ein warmes Bad oder hältst einen tröstenden Gegenstand in der Hand – wie ein weiches Stofftier oder einen glatten Stein. Wenn Sie Ihre Sinne auf pflegende Weise einbeziehen, kann dies ein Gefühl der Sicherheit und Beruhigung schaffen. Du kannst auch sanfte Bewegungen üben, wie z. B. deinen Körper von einer Seite zur anderen zu dehnen oder zu wiegen, was helfen kann, aufgestaute Verspannungen zu lösen und die Entspannung zu fördern.

Jede dieser Techniken beruhigt Ihr Nervensystem, indem sie die parasympathische Reaktion aktiviert, die

die natürliche Art und Weise Ihres Körpers ist, nach Stress in einen Zustand der Ruhe zurückzukehren. Sie ermutigen Sie, Ihren Fokus von der Kampf-oder-Flucht-Reaktion – die oft durch Erinnerungen an vergangene Traumata ausgelöst wird – auf einen entspannteren Zustand zu verlagern, der es Ihnen ermöglicht, die Kontrolle über Ihre emotionale Erfahrung wiederzuerlangen. Indem Sie Erdung, achtsames Atmen und selbstberuhigende Übungen in Ihren Alltag integrieren, schaffen Sie nicht nur einen Werkzeugkasten für Krisenmomente; Du förderst auch eine tiefere Verbindung zu deinem Körper und deinen Emotionen. Diese fortlaufende Praxis kann Sie in die Lage versetzen, die Komplexität der Traumabewältigung mit größerer Leichtigkeit und Widerstandsfähigkeit zu bewältigen.

Aufbau von Resilienz gegen zukünftige Auslöser

Der Aufbau von Resilienz ist ein grundlegender Aspekt der Traumabewältigung und dient als Schutzschild gegen das Gewicht vergangener Erfahrungen und die potenziellen Auswirkungen zukünftiger Auslöser. Wenn wir von Resilienz sprechen, beziehen wir uns auf die Fähigkeit, sich von Widrigkeiten zu erholen, sich anzupassen und trotz der Herausforderungen, vor denen wir stehen, weiterzumachen. Es geht nicht darum, von einem Trauma unberührt zu bleiben; Vielmehr geht es darum, zu lernen, wie man mit seiner Wirkung leichter und stärker umgehen kann. Diese Reise ist zutiefst persönlich, oft voller Höhen und Tiefen, aber der Weg zur Resilienz ist etwas, das jeder Einzelne mit den richtigen Werkzeugen und der richtigen Denkweise kultivieren kann.

Eine der effektivsten Möglichkeiten, die Resilienz zu stärken, sind regelmäßige somatische Praktiken. Diese Praktiken konzentrieren sich darauf, Geist und Körper wieder zu verbinden und uns zu ermöglichen, uns besser auf unsere körperlichen Empfindungen und emotionalen Reaktionen einzustimmen. Einfache Aktivitäten wie Yoga, Tai Chi oder sogar achtsames Gehen können ein Gefühl von Sicherheit und Stabilität in unserem Körper fördern. Indem wir diese Bewegungen in unseren Alltag integrieren, verbessern wir nicht nur unsere körperliche Gesundheit, sondern schaffen auch eine Grundlage für emotionale Widerstandsfähigkeit. Wenn wir uns in unserem Körper geerdet fühlen, sind wir besser gerüstet, um mit Stressoren und Auslösern umzugehen, die auftreten können.

Achtsamkeit spielt auch eine entscheidende Rolle beim Aufbau von Resilienz. Es lädt uns ein, mit unseren Gedanken und Gefühlen präsent zu sein, ohne zu urteilen. Wenn wir Achtsamkeit üben, schaffen wir Raum, um unsere Erfahrungen anzuerkennen, und können so bewusster und klarer auf Stress reagieren. Techniken wie achtsames Atmen oder Körperscans können helfen, das Nervensystem zu beruhigen und unsere Gedanken zu zentrieren, was es einfacher macht,

Momente der Angst oder Überforderung zu bewältigen. Das Schöne an Achtsamkeit ist, dass sie in unser tägliches Leben eingewoben werden kann und Routineaufgaben in Möglichkeiten zur Selbstfindung und Heilung verwandelt.

Neben somatischen Praktiken und Achtsamkeit sind Selbstfürsorge-Routinen unerlässlich, um die Resilienz zu fördern. Selbstfürsorge in den Vordergrund zu stellen bedeutet, unsere eigenen Bedürfnisse zu erkennen und aktiv nach Wegen zu suchen, sie zu erfüllen, sei es durch Hobbys, Zeit mit geliebten Menschen zu verbringen oder uns einfach nur auszuruhen. Es geht darum, ein Leben zu schaffen, das unser Wohlbefinden ehrt und unser Wachstum fördert. Indem wir ein Selbstfürsorgeprogramm entwickeln, rüsten wir uns mit den Werkzeugen aus, um uns aufzuladen und zu verjüngen, und stellen sicher, dass wir die Energie haben, uns den Herausforderungen zu stellen, die das Leben uns in den Weg stellt.

Die Heilung von Traumata ist selten ein einfacher Weg; Es ist ein allmählicher Prozess, der sich im Laufe der Zeit entfaltet. Jeder noch so kleine Schritt nach vorne trägt zu unserer Widerstandsfähigkeit bei. Es mag Momente des Kampfes und Rückschläge geben, aber das sind keine Zeichen des Scheiterns. Stattdessen bieten sie wertvolle Lektionen, die uns etwas über unsere Stärken und Wachstumsmöglichkeiten lehren. Wenn wir uns weiterhin mit somatischen Praktiken beschäftigen, Achtsamkeit annehmen und Selbstfürsorge in den Vordergrund stellen, bauen wir nach und nach ein Reservoir an Widerstandsfähigkeit auf, das uns nicht nur hilft, zu heilen, sondern uns auch befähigt, im Angesicht von Widrigkeiten erfolgreich zu sein.

Dieser Prozess des Wachstums ist wie die Pflege eines Gartens; Es braucht Geduld und Sorgfalt, aber die Blüten der Widerstandsfähigkeit können zu einem schönen Teil unseres Lebens werden und uns helfen, die Komplexität unserer emotionalen Landschaft mit Anmut und Kraft zu bewältigen. Wenn wir lernen, uns selbst und unseren Fähigkeiten zu vertrauen, sind wir besser gerüstet, um zukünftige Herausforderungen zu bewältigen und unsere Erfahrungen in eine Quelle der Weisheit und Kraft zu verwandeln.

Kapitel 7

Unterstützung finden und weitermachen

Die Heilung von Traumata ist eine zutiefst persönliche Reise, aber eines bleibt klar: Es ist wichtig, emotionale, körperliche und soziale Unterstützung zu finden. Ein Trauma erzeugt oft ein Gefühl der Isolation und gibt den Menschen das Gefühl, allein durch einen dunklen Tunnel zu navigieren. Es ist nicht ungewöhnlich, dass sich Menschen, die ein Trauma erlebt haben, von ihren Freunden, ihrer Familie und sogar von sozialen Aktivitäten, die sie einst genossen haben, zurückziehen. Dieser Rückzug kann von Gefühlen der Scham, Verwirrung oder dem überwältigenden Gewicht des Leids herrühren, das ein Trauma mit sich bringen kann. Wenn Sie sich in diesem Zustand befinden, kann sich die Vorstellung, sich Unterstützung zu holen, entmutigend anfühlen, aber gerade in diesen Zeiten wird die Verbindung entscheidend.

Stell dir vor, du hättest ein Sicherheitsnetz von Menschen, die deine Probleme verstehen oder bereit sind, dir zuzuhören. Ein Unterstützungsnetzwerk kann aus Freunden bestehen, die ein mitfühlendes Ohr haben, Familienmitgliedern, die Verständnis bieten, oder Fachleuten, die geschult sind, um die Komplexität der Traumabewältigung zu bewältigen. Jede Person in Ihrem Unterstützungssystem spielt eine einzigartige Rolle und bietet unterschiedliche Perspektiven und Stärken, die Ihnen helfen können, wieder zu einem Gefühl der Sicherheit und Geborgenheit zu finden. Freunde bringen vielleicht Leichtigkeit in deine Tage, während Familienmitglieder dich mit Vertrautheit erden können. Profis können Tools und Strategien anbieten, die Sie vielleicht selbst nicht in Betracht gezogen haben. Zusammen können sie Ihnen helfen, ein Stützgewebe zu weben, das Sie auffängt, wenn Sie stolpern, und Sie aufrichtet, wenn Sie sich niedergeschlagen fühlen.

In vielerlei Hinsicht fungiert ein Unterstützungsnetzwerk als Spiegel, der Ihren Wert und Ihre Widerstandsfähigkeit widerspiegelt. Wenn ein Trauma dich an dir selbst zweifeln lässt, kann die Ermutigung und Bestätigung durch andere dein Selbstbewusstsein neu entfachen. Wenn Sie Ihre Erfahrungen mit vertrauenswürdigen Personen teilen, kann dies die emotionale Belastung verringern und schwere Lasten in gemeinsame Reisen verwandeln. Diese Verbindung fördert auch ein Umfeld, in dem

Verletzlichkeit angenommen und nicht gemieden wird, sodass du deine Gefühle ohne Urteil erforschen kannst.

Darüber hinaus bietet die soziale Unterstützung auch praktische Vorteile. Allein das Wissen, dass es jemanden gibt, den man anrufen kann, wenn sich die Dinge überwältigend anfühlen, kann ein Gefühl der Sicherheit vermitteln. Es kann dich dazu ermutigen, dich an Selbstfürsorge-Aktivitäten zu beteiligen, eine Therapie zu besuchen oder an Heilpraktiken teilzunehmen, vor denen du sonst vielleicht zurückschrecken würdest. Die Anwesenheit von unterstützenden Freunden und Familie kann Sie motivieren, die notwendigen Schritte zur Genesung zu unternehmen.

Letztendlich muss der Weg zur Heilung nicht einsam sein. Die Hand auszustrecken, um Ihr Unterstützungsnetzwerk aufzubauen oder zu stärken, ist ein mutiger Akt, der Ihr Engagement signalisiert, Ihr Leben zurückzuerobern. Es ist eine Erinnerung daran, dass ein Trauma zwar dein Fundament erschüttert haben mag, aber die Verbindungen, die du kultivierst, als fester Boden dienen können, auf dem du wieder aufbauen kannst. Nimm diesen Prozess an und erlaube dir die Gnade, dich auf andere zu stützen, während du deinen Weg zur Heilung und Ganzheit bahnst.

Die Wahl des richtigen somatischen Therapeuten

Den richtigen somatischen Therapeuten zu finden, kann sich wie eine entmutigende Aufgabe anfühlen, vor allem, wenn Sie mit den komplexen Emotionen umgehen müssen, die mit der Traumabewältigung einhergehen. Es ist wichtig, jemanden zu wählen, der nicht nur die Feinheiten der somatischen Therapie versteht, sondern auch mit Ihren einzigartigen Erfahrungen und Bedürfnissen in Resonanz steht. Die Reise beginnt mit dem Verständnis der Qualitäten, die einen effektiven und mitfühlenden Therapeuten ausmachen.

Eines der ersten Dinge, die zu berücksichtigen sind, ist ihr Erfahrungsstand, insbesondere bei der Arbeit mit Traumata. Sie möchten jemanden, der über eine solide Grundlage sowohl in der somatischen Therapie als auch in der traumainformierten Pflege verfügt. Suchen Sie nach einem Therapeuten, der eine spezielle Ausbildung in diesen Bereichen absolviert hat und über einen Hintergrund verfügt, der das Engagement für die Heilung von Traumata widerspiegelt. Ein guter Therapeut sollte in der Lage sein, seinen Ansatz zu artikulieren und mitzuteilen, wie er somatische Techniken in seine Praxis integriert. Dies gibt Ihnen nicht nur Vertrauen in ihre Expertise, sondern hilft

Ihnen auch zu verstehen, was Sie von Ihren Sitzungen erwarten können.

Mitgefühl ist eine weitere wichtige Eigenschaft, nach der man Ausschau halten sollte. Ein Therapeut sollte eine sichere und einladende Umgebung schaffen, in der Sie sich frei fühlen, Ihre Gefühle auszudrücken, ohne Angst vor Verurteilung zu haben. Vielleicht spürst du dieses Mitgefühl in ihrem Verhalten – wie sie zuhören, wie sie reagieren und wie sie Raum für deine Emotionen halten. Es ist hilfreich, einen Therapeuten zu wählen, der auf die subtilen Signale Ihrer Körpersprache und Ihres emotionalen Zustands abgestimmt ist, da diese Sensibilität ein tieferes Gefühl der Verbundenheit und des Vertrauens fördern kann.

Wenn Sie mit Ihrer Suche beginnen, sollten Sie sich an potenzielle Therapeuten wenden, um eine erste Beratung oder ein Telefonat zu erhalten. Dies kann eine großartige Gelegenheit sein, um einzuschätzen, wie du dich in ihrer Gegenwart fühlst. Geben sie dir das Gefühl, gehört und verstanden zu werden? Nehmen sie sich die Zeit, Ihre spezifischen Bedürfnisse und Erfahrungen zu erkunden? Diese Interaktion kann oft Aufschluss darüber geben, ob sie zu Ihnen passen. Es ist wichtig, sich daran zu erinnern, dass Sie ein Gefühl der Leichtigkeit und Sicherheit empfinden sollten, wenn Sie mit ihnen kommunizieren.

In den Sitzungen erwartet Sie eine Mischung aus Konversation und Erlebnisübungen. Ein erfahrener somatischer Therapeut wird Sie durch

Körperwahrnehmungspraktiken führen und Ihnen helfen, körperliche Empfindungen mit emotionalen Erfahrungen zu verbinden. Sie können sanfte Bewegungen, Atemarbeit oder Achtsamkeitstechniken beinhalten, um Ihnen zu helfen, Spannungen und Traumata zu lösen, die in Ihrem Körper gespeichert sind. Seien Sie offen für die Erfahrung, aber vertrauen Sie auch Ihrem Instinkt. Wenn sich etwas unangenehm anfühlt oder nicht mit deinem Heilungsprozess übereinstimmt, wird ein guter Therapeut dich ermutigen, diese Gefühle auszusprechen.

Letztendlich geht es bei der Beurteilung, ob ein Therapeut zu Ihnen passt, darum, sich während des gesamten Prozesses respektiert und bestätigt zu fühlen. Achte darauf, wie du dich nach deinen Sitzungen fühlst. Fühlen Sie sich nach Hause mehr mit Ihrem Körper und Ihren Emotionen verbunden? Lernen Sie, mit Ihren Auslösern bewusster umzugehen? Heilung ist eine zutiefst persönliche Reise, und der richtige somatische Therapeut wird Sie befähigen, Ihr Gefühl von Sicherheit und Handlungsfähigkeit zurückzugewinnen. Denke daran, dass es völlig in Ordnung ist, verschiedene Therapeuten auszuprobieren, bis du jemanden findest, der zu dir passt – deine Heilung verdient diese Art von Hingabe.

Erstellen eines persönlichen Heilplans

Die Erstellung eines personalisierten Heilungsplans ist ein kraftvoller Schritt auf Ihrem Weg zur Genesung, der Ihre individuellen Bedürfnisse und Bestrebungen berücksichtigt. Betrachten Sie diesen Plan als eine Roadmap – einen flexiblen Leitfaden, der sich anpassen kann, wenn Sie wachsen und mehr über sich selbst erfahren. Beginnen Sie damit, über Ihre individuellen Erfahrungen nachzudenken und darüber, wie sie Ihre Heilungsreise prägen. Vor welchen konkreten Herausforderungen stehen Sie? Gibt es bestimmte Auslöser, die in Ihrem täglichen Leben auftreten? Die Anerkennung dieser Aspekte ist von entscheidender Bedeutung, da sie Ihnen hilft zu erkennen, worauf Sie Ihre Energie und Aufmerksamkeit konzentrieren sollten.

Sobald Sie ein klareres Bild von Ihren Herausforderungen haben, ist es an der Zeit, über Ihre Ziele nachzudenken. Das Setzen realistischer und erreichbarer Ziele kann einen erheblichen Unterschied in Ihrem Genesungsprozess ausmachen. Anstatt sich mit hochtrabenden Ambitionen zu überfordern, überlegen Sie, welche kleinen, überschaubaren Schritte Sie unternehmen können. Wenn sich zum Beispiel im Laufe des Tages oft Angst einschleicht, könnte ein Ziel darin bestehen, jeden Morgen nur fünf Minuten lang achtsames Atmen zu üben. Wenn Sie sich wieder mit Ihrem Körper verbinden möchten, können Sie ein paar Mal pro Woche sanfte Dehnungen oder Bewegungen in

Ihre Routine integrieren. Denken Sie daran, dass diese Ziele auf Sie zugeschnitten sein sollten – was fühlt sich in Ihrem Leben sinnvoll und erreichbar an?

Als nächstes integrieren wir somatische Praktiken in Ihren Alltag. Hier passiert die Magie. Beginnen Sie damit, ein paar somatische Techniken auszuwählen, die mit Ihnen in Resonanz gehen – sei es achtsames Atmen, sanfte Bewegungen oder Erdungsübungen. Erwägen Sie, bestimmte Zeiten in Ihrem Tag für diese Praktiken zu reservieren, um ein Gefühl von Beständigkeit und Ritual zu schaffen. Du könntest dir zum Beispiel morgens ein paar Minuten Zeit nehmen, um mit deinem Körper in Kontakt zu treten, Anspannung oder Unbehagen zu bemerken und dann mit etwas achtsamem Atmen zu folgen. Sie können auch eine beruhigende Schlafenszeit-Routine einführen, die sanfte Dehnungen oder einen Körperscan umfasst, um die Entspannung und den Schlaf zu fördern.

Denke neben persönlichen Praktiken auch über die Rolle professioneller Unterstützung auf deinem Heilungsweg nach. Die Verbindung mit einem somatischen Therapeuten oder Berater kann eine unschätzbare Anleitung sein, wenn Sie sich durch die Komplexität der Traumabewältigung navigieren. Wenn Sie sich wohl fühlen, setzen Sie sich das Ziel, Therapiemöglichkeiten zu erkunden, oder treten Sie einer Selbsthilfegruppe bei, in der Sie Erfahrungen mit anderen teilen können, die Ihre Reise verstehen. Diese Verbindung kann ein Gemeinschaftsgefühl fördern und

Ihnen helfen, sich in Ihren Erfahrungen weniger isoliert zu fühlen.

Wenn Sie Ihre Ziele, Praktiken und Unterstützungssysteme miteinander verweben, ist es wichtig, flexibel zu bleiben. Dein Heilungsplan ist nicht in Stein gemeißelt; Es ist ein lebendiges Dokument, das sich im Laufe des Spiels ändern kann. Überprüfen Sie regelmäßig sich selbst – wie fühlen sich die Übungen an? Stimmen Ihre Ziele immer noch mit dem überein, wo Sie sich auf Ihrer Reise befinden? Wenn Sie Ihren Plan nach Bedarf anpassen, stellen Sie sicher, dass er Ihre Bedürfnisse und Ihr Wachstum widerspiegelt.

Feiern Sie während dieses Prozesses Ihre Erfolge, egal wie klein sie sind. Jeder Schritt, den du machst, sei es eine neue Praxis, ein Durchbruch im Verständnis oder einfach ein Tag, an dem du dich ein bisschen leichter fühlst, ist Anerkennung wert. Denken Sie daran, Heilung ist nicht linear; Es hat seine Höhen und Tiefen, und das ist völlig in Ordnung. Du baust Resilienz auf und lernst, das Leben mit einem neuen Gefühl von Bewusstsein und Ermächtigung zu meistern. Nehmt diese Reise mit Mitgefühl an und vertraut darauf, dass jede Anstrengung, die ihr unternehmt, ein Schritt ist, um euren Körper zurückzugewinnen und euer Leben wiederherzustellen.

Die Reise der Heilung: Was Sie in Zukunft erwartet

Die Heilung von einem Trauma ist eine Reise, die sich oft wie ein verschlungener Weg anfühlen kann, der sowohl mit Höhen als auch mit Tiefen gefüllt ist. Es ist wichtig, von Anfang an zu verstehen, dass die Genesung keine gerade Linie ist; Vielmehr ähnelt es einer Reihe von Gipfeln und Tälern. Es wird Tage geben, an denen du dich ermächtigt fühlst, voller Hoffnung und Widerstandsfähigkeit, bereit, der Welt mit neuer Kraft zu begegnen. An anderen Tagen kämpfst du vielleicht mit überwältigenden Emotionen und hast vielleicht das Gefühl, mehrere Schritte zurückgegangen zu sein. Diese Ebbe und Flut ist völlig normal und bedeutet nicht, dass Sie versagen; Es ist einfach ein Teil des Heilungsprozesses.

Wenn du dich auf diese Reise begibst, denke daran, dass es völlig in Ordnung ist, gemischte Gefühle über deine Fortschritte zu haben. Es kann Momente der Frustration geben, in denen die Erinnerungen wieder auftauchen oder wenn sich Stressfaktoren im Leben besonders herausfordernd anfühlen. Erkennen Sie diese Gefühle an, ohne sie zu verurteilen; Sie sind gültig und Teil Ihrer Erfahrung. Es ist wichtig, sich diesen Schwankungen mit Freundlichkeit gegenüber sich selbst zu nähern. Feiern Sie die kleinen Siege auf dem Weg, sei es, dass Sie in einem stressigen Moment erfolgreich eine Erdungstechnik anwenden oder sich einfach nur ausruhen, wenn Sie es brauchen. Jeder noch so kleine Schritt nach vorne ist ein Beweis für Ihre Stärke und Entschlossenheit.

Darüber hinaus ist Heilung ein Prozess, der sich in seinem eigenen Tempo entfaltet. Es kann Zeiten geben, in denen du dich festgefahren fühlst, als ob der Fortschritt ins Stocken geraten wäre. In diesen Zeiten ist es wichtig, die Tools und Praktiken, die Sie gelernt haben, zu überdenken. Die Beschäftigung mit somatischen Übungen, Atemtechniken oder sanften Bewegungen kann helfen, Ihre Energie zu verändern und die emotionale Befreiung zu fördern. Denke daran, dass jedes bisschen Arbeit, das du in deine Heilung steckst – jeder tiefe Atemzug, jeder Moment des Bewusstseins – dein Wachstum und deine Transformation fördert.

Während Sie die somatische Therapie weiter erforschen, bemerken Sie vielleicht, dass sich tiefere Verbindungen in Ihnen selbst bilden. Du heilst nicht nur; Du entwickelst dich weiter. Mit jeder Übung lernst du mehr über die Weisheit deines Körpers und deine emotionale Landschaft. Du entwickelst ein erhöhtes Gefühl der Selbstwahrnehmung, das dir weit über den Bereich der Traumabewältigung hinaus helfen wird. Nehmen Sie diese Reise der Selbstfindung an. Erkenne, dass deine Erfahrungen, sowohl herausfordernde als auch erhebende, dich zu einer stärkeren, widerstandsfähigeren Person formen.

Heilung ist auch eine Reise der Wiederverbindung mit Freude und Hoffnung. Im Laufe des Spiels stellen Sie vielleicht fest, dass Aktivitäten, die Sie einst genossen haben, in Ihr Leben zurückkehren oder dass Sie offener für neue Erfahrungen sind. Dieses Wiedererwachen ist ein schöner Aspekt des Genesungsprozesses. Umarme die Momente der Freude und Verbundenheit, wenn sie entstehen. Sie erinnern daran, dass es bei Heilung nicht nur darum geht, Schmerzen zu überwinden; Es geht auch darum, den Reichtum des Lebens und die Schönheit, die in jedem Tag vorhanden ist, wiederzuentdecken.

Wenn du also diese Reise fortsetzt, sei sanft zu dir selbst. Denke daran, dass es völlig in Ordnung ist, eine Reihe von Emotionen zu empfinden und Tage zu haben, die härter sind als andere. Jeder Moment, den du deiner Heilung widmest, ist ein Schritt, um dein Leben zurückzugewinnen. Du bist in diesem Prozess nicht allein, und du bist stärker, als du denkst. Jede noch so kleine Anstrengung ist ein Schritt in Richtung einer Zukunft voller Hoffnung, Ermächtigung und der Möglichkeit einer friedlicheren Existenz. Vertraue auf die Reise und erlaube dir die Gnade, sie in deinem eigenen Tempo zu bewältigen.

Kapitel 8

Aufbau von Resilienz durch somatische Praktiken

Resilienz kann im Zusammenhang mit der Traumabewältigung als die Fähigkeit verstanden werden, sich anzupassen und sich angesichts von Widrigkeiten wieder zu erholen. Es ist diese bemerkenswerte Qualität, die es Menschen ermöglicht, die emotionalen und psychologischen Belastungen zu ertragen, die ein Trauma oft mit sich bringt, und es ihnen ermöglicht, ein Gefühl von Gleichgewicht und Wohlbefinden wiederzuerlangen. Diese Resilienz ist nicht nur ein psychologisches Phänomen; Es umfasst auch physiologische Reaktionen. Wenn unser Körper mit Herausforderungen konfrontiert wird, mobilisiert er instinktiv Ressourcen, um damit fertig zu werden. Dazu gehören die Aktivierung von Stressreaktionssystemen, die Freisetzung von Hormonen und die Auslösung körperlicher Veränderungen, die uns helfen, schwierige Situationen zu überleben. Doch obwohl diese Mechanismen fest in unserer Biologie verankert sind, geht es bei Resilienz nicht nur darum, wie unser Körper reagiert. Es geht auch darum, wie wir denken, fühlen und mit der Welt um uns herum umgehen.

Jeder Mensch besitzt Resilienz, auch wenn er sie nicht immer erkennt. Diese inhärente Stärke ist Teil unserer menschlichen Beschaffenheit. Von dem Moment an, in dem wir geboren werden, sind wir mit Überlebensinstinkten und der Fähigkeit ausgestattet, aus unseren Erfahrungen zu lernen. Stellen Sie sich ein Kind vor, das laufen lernt. Sie stolpern und fallen unzählige Male, aber jedes Mal stehen sie wieder auf, angetrieben von einem instinktiven Wunsch, zu erkunden und sich vorwärts zu bewegen. Dieses einfache, aber tiefgreifende Beispiel zeigt, dass Resilienz nicht nur monumentalen Ereignissen vorbehalten ist; Es ist ein Faden, der sich durch das Gewebe unseres Alltags zieht.

Im Angesicht eines Traumas kann sich Resilienz auf verschiedene Weise manifestieren. Psychologisch kann es sich darin zeigen, dass sich eine Person nach einem Verlust oder Missbrauch für eine Therapie entscheidet und erkennt, dass Unterstützung für die Heilung unerlässlich ist. Physiologisch gesehen kann Resilienz gesehen gesehen werden, wenn sich Individuen mit Selbstfürsorgepraktiken wie Bewegung, Meditation oder einfach nur Zeit zum Durchatmen beschäftigen. Diese Maßnahmen fördern sowohl die geistige als auch die körperliche Gesundheit und ermöglichen es dem Körper, sich von Stress und Traumata zu erholen. Zum Beispiel kann jemand Trost in der Natur finden und regelmäßige Spaziergänge im Park unternehmen, um den Kopf frei zu bekommen und den Geist zu verjüngen.

Das Nachdenken über unsere persönlichen Erfahrungen bei der Überwindung von Herausforderungen kann unsere angeborene Resilienz beleuchten. Vielleicht erinnerst du dich an eine Zeit, in der sich das Leben besonders schwer anfühlte, du aber die Kraft fandest, dich darin zurechtzufinden. Vielleicht haben Sie sich auf Freunde oder Familie gestützt, oder vielleicht haben Sie eine neue Leidenschaft entdeckt, die Ihre Lebensfreude neu entfacht hat. Diese Momente des Durchhaltevermögens, so klein sie auch erscheinen mögen, sind ein Beweis für Ihre Widerstandsfähigkeit. Jeder Schritt, den du in Richtung Heilung machst, ist ein Beweis für deine Stärke und zeigt, dass selbst in den dunkelsten Zeiten ein Licht in dir gefunden werden kann.

Nehmen Sie sich beim Lesen einen Moment Zeit, um über Ihr eigenes Leben nachzudenken. Können Sie sich an Fälle erinnern, in denen Sie mit Widrigkeiten konfrontiert waren, sich aber entschieden haben, weiterzumachen? Welche Strategien haben Sie bewusst oder unbewusst eingesetzt, um damit fertig zu werden? Das Nachdenken über diese Erfahrungen kann als Erinnerung daran dienen, dass Resilienz nicht nur ein Potenzial in Ihnen ist, sondern auch eine starke Kraft, die Sie durch schwierige Zeiten getragen hat. Diese Perspektive anzunehmen kann ein transformativer Schritt auf deinem Weg der Heilung sein und dir helfen zu erkennen, dass auch du, wie ein Phönix, aus der Asche des Traumas auferstehen kannst, stärker und lebendiger als je zuvor.

Somatische Praktiken, um Kraft und Flexibilität zu kultivieren

Die Kultivierung von mentaler Stärke und körperlicher Flexibilität ist eine transformative Reise, die einen tiefgreifenden Einfluss darauf haben kann, wie wir auf Stress reagieren und die Herausforderungen des Lebens meistern. Somatische Übungen, die sich auf die Verbindung zwischen Geist und Körper konzentrieren, sind wesentliche Werkzeuge auf dieser Reise. Sie laden uns ein, sanfte Bewegungen, Dehnungen und Atemarbeit zu erforschen, die alle Resilienz und Anpassungsfähigkeit fördern können.

Sanfte Bewegung ist eine wunderbare Möglichkeit, sich auf unseren Körper einzustimmen und gespeicherte Spannungen zu lösen. Aktivitäten wie Yoga, Tai Chi oder einfach nur achtsames Gehen können uns helfen, ein Gefühl der Präsenz zu kultivieren. Stell dir vor, du bewegst dich durch eine Reihe von langsamen, bewussten Posen, bei denen sich jeder Übergang fließend und natürlich anfühlt. Dies verbessert nicht nur unsere körperliche Flexibilität, sondern fördert auch das geistige Bewusstsein. Wenn wir uns mit Absicht bewegen, lernen wir zu erkennen, wo wir Stress haben, was es uns ermöglicht, diese Bereiche bewusst anzugehen. Die Forschung unterstützt dies und zeigt, dass sanfte Bewegungen das parasympathische Nervensystem aktivieren, die Entspannung fördern und Angstzustände abbauen können.

Dehnen ist eine weitere kraftvolle somatische Praxis, die sowohl die körperliche Flexibilität als auch die geistige Widerstandsfähigkeit verbessert. Wenn wir uns regelmäßig dehnen, öffnen wir unsere Muskeln und Gelenke und lösen Verspannungen, die oft mit Stress einhergehen. Stellen Sie sich eine einfache Nackendehnung vor, bei der Sie Ihren Kopf sanft von einer Seite zur anderen neigen und mit jedem Atemzug spüren, wie sich die Spannung löst. Dies erhöht nicht nur unseren körperlichen Bewegungsumfang, sondern fördert auch ein Gefühl von Leichtigkeit und Komfort in unserem Körper. Die Wissenschaft hinter dem Dehnen zeigt, dass es die Durchblutung und den Sauerstoff zu unseren Muskeln erhöht, was unsere Stimmung und kognitive Funktion verbessern kann. Indem wir das Dehnen in unseren Alltag integrieren, kultivieren wir eine Denkweise der Offenheit und Anpassungsfähigkeit.

Atemarbeit, vielleicht eine der zugänglichsten und kraftvollsten somatischen Praktiken, ermöglicht es uns, die angeborene Fähigkeit unseres Körpers zur Selbstregulierung zu nutzen. Durch bewusste Atemtechniken – wie Zwerchfellatmung oder

Boxatmung – können wir unsere Stressreaktion effektiv steuern. Stell dir vor, du atmest tief ein, spürst, wie sich dein Bauch beim Einatmen hebt, dann lass du den Atem sanft los und lässt die Anspannung los. Diese Praxis beruhigt das Nervensystem und sorgt für Klarheit im Denken, wodurch wir in die Lage versetzt werden, mit größerer Gelassenheit auf Stressfaktoren zu reagieren. Die Wissenschaft hinter der Atemarbeit zeigt, dass kontrolliertes Atmen den Cortisolspiegel senken, Angstzustände reduzieren und die emotionale Regulation verbessern kann, was es zu einem Eckpfeiler der Resilienz macht.

Die Beschäftigung mit diesen somatischen Praktiken bietet einen ganzheitlichen Ansatz zum Aufbau von Kraft und Flexibilität. Wenn wir das Bewusstsein durch sanfte Bewegungen kultivieren, Verspannungen durch Dehnung lösen und unsere Emotionen durch Atemarbeit regulieren, arbeiten wir nicht nur an unserem physischen Körper; Wir nähren unsere geistige Stärke. Diese Verbundenheit ist die Essenz der somatischen Therapie. Es lehrt uns, dass unsere Erfahrungen nicht nur geistig oder körperlich sind, sondern eine schöne Mischung aus beidem, und ermutigt uns, jeden Moment mit größerer Anpassungsfähigkeit und Widerstandsfähigkeit zu genießen.

.

Erstellen Sie eine tägliche Praxis, um Ihr Wohlbefinden zu unterstützen

Die Schaffung einer personalisierten täglichen Praxis, die somatische Techniken beinhaltet, kann ein transformativer Weg sein, um Ihr Wohlbefinden zu steigern und Ihre Heilungsreise zu unterstützen. Der Schlüssel zur Entwicklung einer Routine, die bei Ihnen Anklang findet, liegt darin, Ihre eigenen Bedürfnisse, Vorlieben und Ihren Lebensstil zu verstehen. Beginnen Sie damit, sich jeden Tag ein paar Momente zu nehmen, die ausschließlich diesen Praktiken gewidmet sind, und behandeln Sie sie als heilige Zeit für sich selbst. Ob früh am Morgen, in der Mittagspause oder vor dem Schlafengehen, finden Sie einen Zeitschlitz, der sich richtig anfühlt, und halten Sie sich konsequent daran. Regelmäßigkeit ist das, was Schwung aufbaut, also strebe kurze, überschaubare Sitzungen an, die sich nahtlos in deinen Tag einfügen.

Beginnen Sie mit sanften Bewegungsübungen und konzentrieren Sie sich auf Flexibilität und Kraftaufbau. Du könntest eine Reihe von Dehnübungen einbauen, die auf Bereiche abzielen, in denen du oft Verspannungen spürst, wie Nacken, Schultern und unterer Rücken. Bereits fünf bis zehn Minuten Dehnen können helfen, Verspannungen zu lösen und Ihrem Körper Bewusstsein zu verleihen. Wenn du dich wohler fühlst, kannst du diese Praxis nach und nach erweitern, indem du Yoga-Posen oder leichte Kraftübungen hinzufügst, die die wichtigsten Muskelgruppen beanspruchen.

Selbst einfache Bewegungen wie Kniebeugen oder Ausfallschritte können dir helfen, Kraft aufzubauen und gleichzeitig ein Gefühl der Erdung und Verbundenheit mit deinem Körper zu fördern. Hören Sie auf das, was sich gut anfühlt; Wenn eine Übung nicht bei Ihnen Anklang findet, können Sie gerne nach Alternativen suchen, die dies tun.

Zusätzlich zu körperlicher Bewegung kann die Integration von Achtsamkeitspraktiken in Ihren Alltag Ihre somatische Erfahrung erheblich verbessern. Erwäge, deinen Tag mit ein paar Minuten achtsamem Atmen zu beginnen oder zu beenden. Dies könnte bedeuten, dass du dich auf das Gefühl deines ein- und ausströmenden Atems konzentrierst und wahrnimmst, wie sich deine Brust hebt und senkt. Wenn du dies mit Visualisierung verbindest – indem du dir deinen Atem als eine Welle vorstellst, die über dich hinwegspült – kann du deine Verbindung zum gegenwärtigen Moment vertiefen. Nutzen Sie im Laufe des Tages Gelegenheiten, um mit Ihrem Körper in Kontakt zu treten, und halten Sie inne, um Bereiche mit Anspannung oder Unbehagen zu bemerken. Ein einfacher, achtsamer Scan Ihres Körpers kann Sie daran erinnern, in einen entspannteren Zustand zurückzukehren.

Ein weiterer effektiver Ansatz ist die Einbindung von Erdungsübungen. Du kannst diese üben, wenn du dich überfordert oder abgekoppelt fühlst. Versuchen Sie, fest auf dem Boden zu stehen und das Gewicht Ihres Körpers zu spüren, das sich auf die Erde drückt. Sie können sogar die Augen schließen und mehrere langsame, tiefe Atemzüge nehmen, wobei jeder Atemzug Ihre Lungen füllt und jeder Ausatmen die aufgebaute Spannung löst. Wenn es hilft, stelle dir vor, wie sich Wurzeln von deinen Füßen in den Boden erstrecken, dich im gegenwärtigen Moment verankern und ein Gefühl der Stabilität erzeugen.

Konsistenz ist entscheidend. Um dies zu fördern, sollten Sie ein Diagramm oder Tagebuch erstellen, in dem Sie Ihre täglichen Praktiken verfolgen können. Notieren Sie, wie Sie sich vor und nach jeder Sitzung fühlen; Diese Reflexion kann unglaublich motivierend sein, wenn Sie beginnen, die kumulativen Vorteile Ihrer Bemühungen zu sehen. Denken Sie daran, dass dies Ihre Reise ist, also geben Sie sich die Erlaubnis, mit Ihrer Routine flexibel zu sein. Wenn Sie sich eines Tages zu mehr Bewegung hingezogen fühlen, nehmen Sie sie an; An einer anderen Stelle kann dich eine ruhigere, reflektierende Praxis rufen. Diese Anpassungsfähigkeit ermöglicht es Ihrer Praxis, mit Ihren sich entwickelnden Bedürfnissen zu wachsen.

Eine Mischung aus somatischen Techniken – Flexibilitätsübungen, Kraftaufbau, achtsames Atmen und Erdung – kann einen ganzheitlichen Tagesablauf schaffen, der sowohl Ihren Körper als auch Ihren Geist nährt. Es geht darum, ein Gefühl der Harmonie und Verbundenheit zu kultivieren und Ihr allgemeines Wohlbefinden auf eine Weise zu steigern, die sich authentisch und unterstützend anfühlt. Wenn du dich auf diese Reise begibst, erinnere dich daran, dass jeder kleine Schritt zählt und zu deinem größeren Heilungsprozess beiträgt. Feiere dein Engagement für dich selbst in dem Wissen, dass Beständigkeit und Mitgefühl dich zu einem ausgeglicheneren, selbstbestimmteren Leben führen werden.

Somatische Techniken in den Alltag integrieren

Die Integration somatischer Techniken in Ihren Alltag kann ein transformativer Weg sein, um Ihr allgemeines Wohlbefinden zu steigern und eine tiefere Verbindung zu Ihrem Körper herzustellen. Es geht darum, Achtsamkeit und Achtsamkeit in das Gewebe Ihres Alltags einzuweben und diese Übungen auf natürliche Weise in die Momente einfließen zu lassen, die Ihren Tag ausmachen. Stell dir vor, du beginnst deinen Morgen mit einer sanften Dehnung. Wenn du aus dem Bett aufstehst, nimm dir einen Moment Zeit, um deine Arme über den Kopf zu strecken und die Verlängerung deiner Wirbelsäule und das sanfte Erwachen deiner Muskeln zu spüren. Dieser einfache Akt des Bewusstseins hilft nicht nur, die Schläfrigkeit abzuschütteln, sondern setzt auch einen achtsamen Ton für den bevorstehenden Tag.

Wenn Sie einen Spaziergang nach draußen machen, versuchen Sie, die Erfahrung mit einem Gefühl der Neugier zu umarmen. Achte auf die Empfindungen in deinen Füßen, wenn sie sich mit dem Boden verbinden und die Erde unter dir spüren. Mit jedem Schritt kannst du achtsames Atmen üben – tief einatmen, wenn du einen Schritt nach vorne machst, und ihn sanft loslassen, wenn du deinen Fuß nach unten bringst. Diese rhythmische Verbindung zwischen deinem Atem und deiner Bewegung beruhigt nicht nur das Nervensystem, sondern verankert dich auch im gegenwärtigen Moment. Achte auf die Sehenswürdigkeiten, Geräusche und sogar die Gerüche um dich herum. Lassen Sie diese sensorischen Erfahrungen Ihren Spaziergang bereichern und machen ihn zu mehr als nur einem Mittel, um von Punkt A nach Punkt B zu gelangen.

An Ihrem Schreibtisch zu sitzen, muss keine sinnlose Aktivität sein; Es kann zu einer Gelegenheit für somatisches Bewusstsein werden. Machen Sie während der Arbeit regelmäßig Pausen, um Ihren Körper zu überprüfen. Achte auf Verspannungen, insbesondere in deinen Schultern oder im unteren Rücken, die oft Stress aushalten. Stehen Sie auf und nehmen Sie sich einen Moment Zeit, um sich sanft zu dehnen, rollen Sie Ihre Schultern zurück und atmen Sie ein paar Mal achtsam durch. Sie können sogar eine einfache sitzende Dehnung einbauen, bei der Sie einen Arm über den Kopf strecken und sich zur gegenüberliegenden Seite lehnen, während Sie die herrliche Dehnung entlang Ihrer Seite spüren. Dies erfrischt nicht nur Ihren Körper, sondern belebt auch Ihren Geist, sodass Sie sich wieder auf Ihre Aufgaben konzentrieren können.

Auch in stressigen Momenten kannst du somatische Praktiken ins Spiel bringen. Wenn Sie das Gefühl haben, dass sich Spannungen aufbauen – sei es durch ein anspruchsvolles Projekt oder eine unerwartete Herausforderung – halten Sie einen Moment inne. Schließen Sie die Augen, wenn Sie können, und atmen Sie ein paar Mal tief und bewusst durch. Atme langsam durch die Nase ein, fülle deinen Bauch mit Luft und atme dann sanft durch den Mund aus, während du dir vorstellst, wie der Stress deinen Körper mit jedem Atemzug verlässt. Du kannst auch eine Hand auf dein Herz oder deinen Bauch legen und das Auf und Ab spüren, während du atmest. Dieser einfache Akt der Erdung kann helfen, Ihre Gedanken und Emotionen wieder zu zentrieren und einen Moment des Stresses in eine Gelegenheit zur Ruhe zu verwandeln.

Sanfte Bewegungen über den Tag verteilt zu integrieren, ist eine weitere wunderbare Möglichkeit, somatische Techniken zu nutzen. Wenn Sie auf den Beginn eines Meetings warten oder eine kurze Pause einlegen, versuchen Sie es mit ein paar sanften Nackenrollen oder Handgelenksdehnungen. Diese kleinen Handlungen können Verspannungen erheblich lösen und das Bewusstsein Ihres Körpers verbessern. Wenn du einen Moment der Einsamkeit hast, solltest du ein paar einfache Yoga-Posen ausprobieren. Schon ein paar Minuten herabschauendes Hunde- oder Katze-Kuh-Dehnen können deinen Körper wachrütteln und aufgebauten Stress abbauen.

Letztendlich liegt die Schönheit der somatischen Praktiken in ihrer Flexibilität und Anpassungsfähigkeit. Du musst nicht viel Zeit zum Üben einplanen; Vielmehr können Sie diese Techniken nahtlos in Ihren Alltag integrieren. Jeder kleine Moment, den Sie sich nehmen, um mit Ihrem Körper in Kontakt zu treten, achtsam zu atmen oder sich sanft zu bewegen, summiert sich und hat einen tiefgreifenden Einfluss auf Ihr allgemeines Wohlbefinden. Betrachten Sie diese Praktiken nicht nur als Übungen, sondern als Einladungen, Ihre alltäglichen Erfahrungen zu verbessern und alltägliche Momente in Gelegenheiten für Verbindung, Heilung und Freude zu verwandeln.

Kapitel 9

Umgang mit Stress und Angst: Ihr somatischer Werkzeugkasten

Wenn wir über die Stressreaktion des Körpers sprechen, tauchen wir in ein faszinierendes und kompliziertes System ein, das sich entwickelt hat, um uns beim Überleben zu helfen. Stellen Sie sich eine Zeit in Ihrem Leben vor, in der Sie einer plötzlichen Bedrohung ausgesetzt waren – vielleicht war es ein Beinahe-Unfall beim Autofahren oder eine überraschende Begegnung mit einem aggressiven Hund. In solchen Momenten tritt dein Körper in Aktion und bereitet dich darauf vor, entweder zu kämpfen oder zu fliehen. Dies ist als Kampf-oder-Flucht-Reaktion bekannt, ein Begriff, der die Essenz dessen beschreibt, wie unser Körper instinktiv auf Gefahr reagiert.

Physiologisch gesehen verarbeitet Ihr Gehirn die Situation schnell, wenn eine wahrgenommene Bedrohung auftritt. Die Amygdala, eine kleine mandelförmige Struktur im Gehirn, erkennt die Gefahr und sendet ein Signal an den Hypothalamus, der so etwas wie die Kommandozentrale Ihres Körpers ist. Dies führt zu einer Aktivierung des sympathischen Nervensystems, wodurch die Nebennieren zur Ausschüttung von Stresshormonen wie Adrenalin und Cortisol veranlasst werden. Diese Hormone überfluten Ihr System, erhöhen Ihre Herzfrequenz, steigern Ihr Energieniveau und schärfen Ihr Bewusstsein. Vielleicht bemerkst du, dass deine Atmung schneller wird, deine Muskeln sich anspannen und deine Sinne schärfen – all das bereitet dich darauf vor, dich entweder der Gefahr zu stellen oder ihr zu entkommen.

Während diese Reaktion in Momenten unmittelbarer Bedrohung lebensrettend ist, kann sie problematisch werden, wenn sie zu häufig oder über einen längeren Zeitraum ausgelöst wird. Traumata, sei es durch einen einzelnen Vorfall wie einen Unfall oder durch anhaltende Erfahrungen wie Missbrauch oder Vernachlässigung, können die Reaktion unseres Körpers auf Stress verändern. Bei jemandem, der ein Trauma erlebt hat, kann der Körper beginnen, alltägliche Situationen als Bedrohung fehlzuinterpretieren, was selbst in sicheren Umgebungen zu einer übertriebenen Stressreaktion führt. Das bedeutet, dass alltägliche Stressfaktoren – wie ein geschäftiger Arbeitstag oder eine

Meinungsverschiedenheit mit einem geliebten Menschen – die gleiche Kampf-oder-Flucht-Reaktion auslösen und den Körper in höchste Alarmbereitschaft versetzen können.

Stellen Sie sich vor, Sie gehen ängstlich in ein Meeting, Ihr Herz rast und Ihre Handflächen schwitzen. Dieser erhöhte Wachsamkeitszustand kann die Art und Weise sein, wie sich Ihr Körper auf eine wahrgenommene Bedrohung vorbereitet, auch wenn keine wirkliche Gefahr besteht. Im Laufe der Zeit kann dies zu chronischem Stress führen, bei dem Ihr Körper in einem ständigen Spannungszustand verharrt und bereit ist, zu reagieren. Dieser Zustand von chronischem Stress kann zu verschiedenen Gesundheitsproblemen beitragen, darunter Angststörungen, Verdauungsprobleme und sogar Herzerkrankungen.

Das Erkennen der eigenen Stressreaktionen ist entscheidend, um die Herausforderungen des Lebens zu meistern, insbesondere wenn Sie eine Vorgeschichte von Traumata haben. Es ist wichtig, sich darauf einzustimmen, wie sich Ihr Körper in verschiedenen Situationen anfühlt. Spüren Sie, dass sich Ihre Muskeln anspannen, wenn Sie gestresst sind? Rast dein Verstand, was es dir schwer macht, dich zu konzentrieren? Das Verständnis dieser Signale ist der erste Schritt, um Wege zu finden, um effektiv mit Stress umzugehen.

Wenn du anfängst, deine Stressreaktionen zu erkennen, denke daran, dass du nicht allein bist. Viele Menschen erleben ähnliche Reaktionen, insbesondere diejenigen, die schwierige Erfahrungen gemacht haben. Indem du anerkennst, wie dein Körper auf Stress reagiert, befähigst du dich, die Kontrolle zu übernehmen und gesündere Wege zu finden, damit umzugehen. Anstatt den automatischen Reaktionen deines Körpers ausgeliefert zu sein, kannst du Techniken erlernen, um dich zu beruhigen und wieder ins Gleichgewicht zu bringen.

Ihr somatischer Werkzeugkasten: Schnelle Techniken zur Linderung von Ängsten

Wenn die Angst zuschlägt, kann es den Unterschied ausmachen, ein Toolkit mit somatischen Techniken zur Hand zu haben. Lassen Sie uns einige schnelle und effektive Strategien untersuchen, die Sie in diesen Momenten der Not anwenden können und die es Ihnen ermöglichen, ein Gefühl der Ruhe und Sicherheit in Ihrem Körper zurückzugewinnen.

Eine der effektivsten Möglichkeiten, sich zu erden, ist eine einfache Erdungsübung. Beginnen Sie damit, eine bequeme Position zu finden, egal ob im Sitzen oder Stehen. Nehmen Sie sich einen Moment Zeit, um die Empfindungen in Ihren Füßen wahrzunehmen. Fühle, wie das Gewicht deines Körpers in den Boden drückt, und visualisiere, wie sich Wurzeln von deinen Füßen tief in die Erde erstrecken und dich fest verankern. Stellen Sie sich beim Einatmen vor, wie Sie Kraft und

Stabilität aus dem Boden schöpfen, und während Sie ausatmen, lassen Sie jegliche Anspannung oder Unbehagen los. Du kannst sogar deine Sinne nutzen, um diese Praxis zu vertiefen: Nimm dir einen Moment Zeit, um fünf Dinge wahrzunehmen, die du um dich herum sehen kannst, vier Dinge, die du berühren kannst, drei Dinge, die du hören kannst, zwei Dinge, die du riechen kannst, und eine Sache, die du schmecken kannst. Diese Übung hilft Ihnen nicht nur, präsent zu bleiben, sondern verbindet Sie auch wieder mit Ihrer physischen Umgebung, sodass sich die Angst auflösen kann.

Tiefes Atmen ist ein weiteres mächtiges Werkzeug in Ihrem somatischen Werkzeugkasten. Wenn die Angst zuschlägt, wird dein Atem oft flach und schnell, was Panikgefühle verschlimmern kann. Um dem entgegenzuwirken, versuchen Sie es mit einer Technik namens Zwerchfellatmung. Beginnen Sie damit, bequem zu sitzen oder zu liegen, indem Sie eine Hand auf Ihren Bauch und die andere auf Ihre Brust legen. Atmen Sie tief durch die Nase ein, so dass sich Ihr Bauch vollständig ausdehnen kann, während Sie Ihre Brust relativ ruhig halten. Spüren Sie, wie die Luft Ihre unteren Lungen füllt, und halten Sie für einen Moment. Atme dann langsam durch den Mund aus und lass deinen Bauch fallen. Streben Sie ein Verhältnis von vier Zählungen an, eine kurze Pause und dann sechs Zählungen aus. Diese verlängerte Ausatmung aktiviert Ihr parasympathisches Nervensystem, was dazu beiträgt, den Körper zu beruhigen und Angstzustände abzubauen. Üben Sie dies einige Minuten lang und konzentrieren Sie sich ausschließlich auf den Rhythmus Ihres Atems, und Sie werden wahrscheinlich eine Veränderung Ihres körperlichen und emotionalen Zustands bemerken.

Auch sanfte Dehnübungen können eine hervorragende Möglichkeit sein, aufgebaute Verspannungen zu lösen und die Entspannung zu fördern. Eine einfache Dehnung, die Sie ausprobieren können, ist die Nackenrolle. Setzen oder stehen Sie bequem und atmen Sie tief ein. Beim Ausatmen senke dein rechtes Ohr sanft in Richtung deiner rechten Schulter und spüre eine Dehnung entlang der linken Seite deines Nackens. Halten Sie diese Position für ein paar Atemzüge, damit sich Ihr Körper mit jedem Ausatmen weiter entspannen kann. Rollen Sie Ihren Kopf langsam nach vorne und links und bringen Sie Ihr linkes Ohr in Richtung Ihrer linken Schulter. Halten Sie, atmen Sie und kehren Sie dann zur Mitte zurück. Diese sanfte Bewegung löst nicht nur Verspannungen im Nacken und in den Schultern, sondern fördert auch die Achtsamkeit und das Bewusstsein für Ihren Körper und lenkt Ihre Aufmerksamkeit von ängstlichen Gedanken ab.

Wenn du auf der Suche nach einer schnellen Bewegung bist, um Ängste abzubauen, solltest du ein paar Schulterrollen einbauen. Atmen Sie im Sitzen oder Stehen tief ein und heben Sie Ihre Schultern zu Ihren Ohren. Halten Sie einen Moment lang und atmen Sie dann kräftig aus, während Sie Ihre Schultern nach hinten und unten rollen. Wiederhole diese Bewegung mehrmals und synchronisiere deinen Atem mit der

Bewegung. Diese einfache Übung hilft, aufgestaute Verspannungen in den Schultern und im oberen Rücken zu lösen, Bereiche, die oft belastet sind. Während du diese Bewegung ausführst, visualisiere den Stress, der deinen Körper mit jedem Ausatmen verlässt, und schaffe so Raum für Ruhe und Klarheit.

Schließlich kann das Üben von Achtsamkeit durch eine Übung zur sensorischen Wahrnehmung Ihnen helfen, sich mit dem gegenwärtigen Moment zu verbinden und rasende Gedanken zu beruhigen. Nehmen Sie sich ein paar Augenblicke Zeit, um Ihre Sinne zu aktivieren. Schauen Sie sich um und wählen Sie ein Objekt, das Ihre Aufmerksamkeit auf sich zieht. Das kann eine Pflanze, ein Möbelstück oder sogar ein Muster an der Wand sein. Konzentrieren Sie sich auf dieses Objekt und achten Sie auf seine Farben, Formen und Texturen. Wenn es sicher ist, berühren Sie den Gegenstand und beobachten Sie, wie er sich auf Ihrer Haut anfühlt. Achten Sie auf alle Geräusche, die Sie im Hintergrund hören, vielleicht das Rascheln von Blättern draußen oder das Summen von Geräten. Erlaube dir, vollständig in diese Erfahrung einzutauchen, und beobachte, wie sie deinen Fokus weg von der Angst und in den gegenwärtigen Moment verlagert.

Diese somatischen Techniken sind so konzipiert, dass sie schnell und einfach in Ihren Alltag integriert werden können. Das Wichtigste ist, sie regelmäßig zu üben, damit Sie diese Werkzeuge bei aufkommenden Ängsten mit Leichtigkeit und Selbstvertrauen nutzen können. Indem Sie sich diese Praktiken zu eigen machen, bewältigen Sie nicht nur Ängste; Du baust eine tiefere Verbindung zu deinem Körper auf und förderst Resilienz und Stärke, während du deinen Weg zur Heilung navigierst.

Wie Sie sich vor, während und nach einer Panikattacke beruhigen können

Der Umgang mit Panikattacken kann eine entmutigende Reise sein, aber mit den richtigen Strategien können Sie Ihren Weg durch diese überwältigenden Erfahrungen finden. Lassen Sie uns verschiedene Ansätze zur Bewältigung von Panikattacken untersuchen, wobei wir uns auf die Prävention, Beruhigungstechniken während einer Attacke und Reflexionsübungen zur Verarbeitung der Erfahrung danach konzentrieren. Denke während dieser Reise daran, Selbstmitgefühl zu üben und auf deine Auslöser eingestimmt zu bleiben.

Bevor es zu einer Panikattacke kommt, ist es am besten, sich mit präventiven Techniken zu bewaffnen, die die Widerstandsfähigkeit fördern. Die Etablierung einer Selbstfürsorge-Routine ist von entscheidender Bedeutung. Regelmäßige Bewegung, auch wenn es nur ein täglicher Spaziergang ist, kann erheblich dazu beitragen, Angstzustände zu reduzieren und Ihr allgemeines Wohlbefinden zu verbessern. Es geht nicht nur um körperliche Fitness; Bewegung setzt Endorphine frei, die Ihre Stimmung heben und Spannungsgefühle verringern können. Erwägen Sie außerdem, Achtsamkeitspraktiken in Ihre Routine zu integrieren. Regelmäßige Meditation, Yoga oder tiefe Atemübungen können ein Gefühl der Ruhe und

Achtsamkeit kultivieren, das es einfacher macht, mit Stress umzugehen, wenn er auftritt. Wenn du dir jeden Tag Zeit nimmst, um dich mit deinem Atem zu verbinden oder dich auf den gegenwärtigen Moment zu konzentrieren, trainierst du im Wesentlichen deinen Geist, geerdet zu bleiben, auch wenn die Angst droht, dich wegzuziehen.

Das Verständnis Ihrer Auslöser ist eine weitere wichtige Präventionsmaßnahme. Führen Sie ein Tagebuch, um zu verfolgen, wann Panikattacken auftreten und was ihnen vorausgegangen sein könnte. Dies kann Ihnen helfen, Muster oder spezifische Situationen zu identifizieren, die zu diesen Episoden führen, und Ihnen ermöglichen, Strategien für den Umgang mit diesen Auslösern zu entwickeln. Wenn zum Beispiel überfüllte Orte dazu neigen, Angst auszulösen, könnten Sie sich entscheiden, sie nach Möglichkeit zu meiden oder sich im Voraus mit Beruhigungstechniken vorzubereiten. Die Teilnahme an einer Therapie, insbesondere der kognitiven Verhaltenstherapie, kann von unschätzbarem Wert sein. Ein Therapeut kann mit Ihnen zusammenarbeiten, um personalisierte Bewältigungsstrategien zu entwickeln, die auf Ihre individuellen Auslöser und Umstände zugeschnitten sind.

Wenn eine Panikattacke zuschlägt, kann es sich so anfühlen, als würde die Welt auf Sie zukommen, aber es gibt beruhigende Praktiken, die Sie anwenden können, um den Sturm zu bewältigen. Eine effektive Technik besteht darin, sich auf Ihren Atem zu konzentrieren. Wenn Sie den vertrauten Ansturm der Panik spüren, nehmen Sie sich einen Moment Zeit, um die Augen zu schließen und tief durchzuatmen. Atme langsam durch die Nase ein, damit sich dein Bauch vollständig ausdehnen kann, und atme dann sanft durch den Mund aus. Dieser einfache Akt des Atmens kann helfen, Ihr Nervensystem zu regulieren und Ihrem Körper zu signalisieren, dass es in Ordnung ist, sich zu entspannen. Die Visualisierung einer friedlichen Szene oder eines sicheren Ortes beim Atmen kann diese beruhigende Wirkung verstärken. Stellen Sie sich vor, Sie befinden sich in einem ruhigen Wald oder liegen an einem warmen Strand; Lassen Sie sich von den Empfindungen dieses Ortes überwältigen, während Sie tief atmen.

Erdungstechniken können auch während eines Angriffs immens hilfreich sein. Versuche, dich auf die körperlichen Empfindungen in deinem Körper zu konzentrieren. Drücke deine Füße fest in den Boden und spüre die Erde unter dir. Achte auf das Gewicht deines Körpers auf dem Stuhl oder Boden, der dich im gegenwärtigen Moment verankert. Du kannst auch deine Sinne ansprechen, indem du fünf Dinge identifizierst, die du sehen kannst, vier, die du berühren kannst, drei, die du hören kannst, zwei, die du riechen kannst, und eins, das du schmecken kannst. Diese Technik lenkt Ihren Fokus von der Panik auf Ihre Umgebung und hilft, ein Gefühl von Sicherheit und Stabilität zu schaffen.

Sobald die Panikattacke abgeklungen ist, ist es wichtig, sich Zeit zu nehmen, um über das Erlebte nachzudenken und das Geschehene zu verarbeiten. Hier kommt das Selbstmitgefühl wirklich ins Spiel. Erkenne an, dass du gerade etwas Schwieriges erlebt hast und dass es völlig in Ordnung ist, dich erschüttert zu fühlen. Schreibe in dein Tagebuch über die Erfahrung und erforsche, was den Angriff ausgelöst hat und wie du darauf reagiert hast. Sei sanft zu dir selbst, während du das tust. Es ist wichtig zu erkennen, dass du nicht durch deine Panik definiert wirst; Vielmehr sind Sie eine belastbare Person, die sich in einem herausfordernden Aspekt des Lebens zurechtfindet.

Erwäge, reflektierende Übungen wie ein "Gefühlsrad" einzubauen, um die Emotionen zu artikulieren, die während des Angriffs an die Oberfläche gekommen sind. Indem du deine Gefühle identifizierst, gewinnst du Klarheit darüber, was passiert ist und wie es dich beeinflusst hat. Dies hilft nicht nur, Ihre emotionalen Reaktionen zu verstehen, sondern gibt auch Einblicke, wie Sie in Zukunft besser damit umgehen können. Vielleicht möchtest du auch deine Bewältigungsstrategien auflisten, die während des Angriffs funktioniert haben, und diejenigen, die es nicht getan haben. Wenn Sie darüber nachdenken, kann dies ein wirksamer Weg sein, um Ihren Ansatz zu verfeinern und die Erfahrung in eine Lernmöglichkeit für Ihr Wachstum zu verwandeln.

Indem Sie sich diese Strategien zu eigen machen — vorbeugende Techniken vor einer Attacke, beruhigende

Übungen während einer Episode und reflektierende Übungen danach – schaffen Sie einen unterstützenden Rahmen für den Umgang mit Panikattacken. Denke daran, dass du damit nicht allein bist, und mit der Zeit und Übung kannst du ein größeres Gefühl der Kontrolle und des Friedens in dir selbst entwickeln.

Den eigenen somatischen Rhythmus finden: Was funktioniert für Sie?

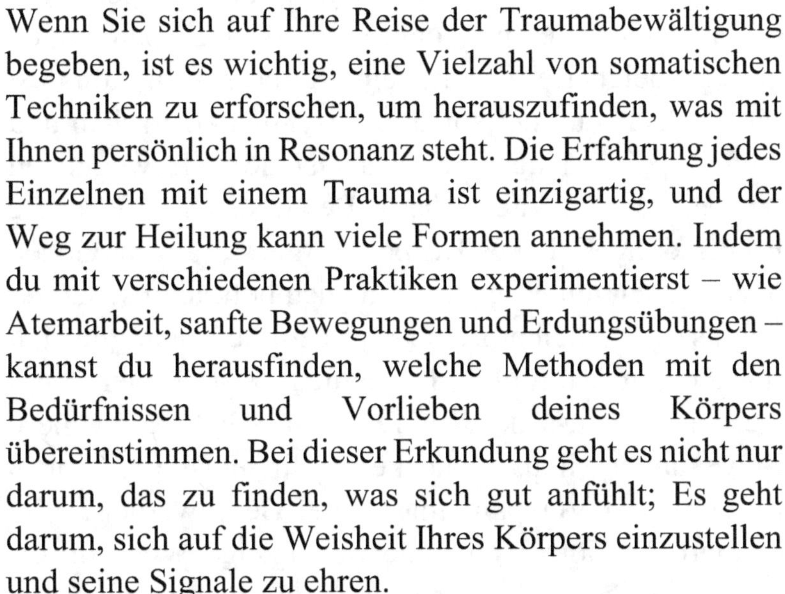

Wenn Sie sich auf Ihre Reise der Traumabewältigung begeben, ist es wichtig, eine Vielzahl von somatischen Techniken zu erforschen, um herauszufinden, was mit Ihnen persönlich in Resonanz steht. Die Erfahrung jedes Einzelnen mit einem Trauma ist einzigartig, und der Weg zur Heilung kann viele Formen annehmen. Indem du mit verschiedenen Praktiken experimentierst – wie Atemarbeit, sanfte Bewegungen und Erdungsübungen – kannst du herausfinden, welche Methoden mit den Bedürfnissen und Vorlieben deines Körpers übereinstimmen. Bei dieser Erkundung geht es nicht nur darum, das zu finden, was sich gut anfühlt; Es geht darum, sich auf die Weisheit Ihres Körpers einzustellen und seine Signale zu ehren.

Atemarbeit zum Beispiel kann ein wirksames Instrument sein, um Ihre Emotionen zu regulieren und

Ihr Nervensystem zu beruhigen. Du könntest einfache Techniken wie tiefe Zwerchfellatmung oder Boxatmung ausprobieren, bei der du tief einatmest bis vier, vier hältst, vier ausatmest und vier pausierst, bevor du wieder einatmest. Dieser rhythmische Ansatz kann dich im Moment erden und dir helfen, dich wieder mit deinem Körper zu verbinden. Achte beim Üben darauf, wie sich verschiedene Atemmuster auf deine Angst- oder Stressgefühle auswirken. Achte auf Veränderungen in deinem Körper oder deiner Stimmung, während du dich auf diese Übungen einlässt, und erlaube dem Atem, dich zu einem größeren Gefühl der Ruhe zu führen.

Bewegung ist ein weiterer integraler Aspekt der somatischen Therapie, der helfen kann, Spannungen und gespeicherte Emotionen zu lösen. Du könntest sanftes Dehnen oder somatisches Yoga erforschen und dich auf langsame, achtsame Bewegungen konzentrieren, die das Bewusstsein für die Empfindungen deines Körpers fördern. Tanzen, Gehen oder einfach nur Wiegen kann auch befreiend sein. Der Schlüssel ist, sich auf eine Weise zu bewegen, die sich für dich gut anfühlt, und deinem Körper den Weg weisen zu lassen. Während du dich auf diese Bewegungen einlässt, checke bei dir selbst ein. Gibt es Bereiche mit Verspannungen oder Beschwerden? Wie reagiert Ihr Körper auf jede Bewegung? Wenn du dir die Freiheit nimmst, mit verschiedenen Bewegungsformen zu experimentieren, können dir

Wege zur Heilung eröffnen, die du vorher vielleicht nicht erkannt hast.

Erdungsübungen können in Momenten der Überforderung als Anker dienen. Einfache Übungen wie das Fokussieren auf das Gefühl deiner Füße auf dem Boden oder das Halten eines beruhigenden Gegenstandes können dir helfen, präsent und verbunden zu bleiben. Sie können auch die "5-4-3-2-1"-Technik ausprobieren, bei der Sie fünf Dinge identifizieren, die Sie sehen können, vier Dinge, die Sie berühren können, drei Dinge, die Sie hören können, zwei Dinge, die Sie riechen können, und eine Sache, die Sie schmecken können. Diese Übung kann dich effektiv zurück ins Hier und Jetzt bringen und dir ein Gefühl der Sicherheit in deinem Körper zurückgewinnen. Wenn du diese Erdungstechniken praktizierst, achte darauf, wie sie dein Gefühl von Stabilität und Sicherheit beeinflussen.

Es ist auch wichtig, Ihre Erfahrungen zu verfolgen, während Sie diese verschiedenen Praktiken erkunden. Das Führen eines Tagebuchs kann ein unschätzbares Werkzeug zum Nachdenken sein. Schreibe deine Gedanken und Gefühle vor und nach jeder Sitzung auf. Wie hat sich jede Technik auf Ihren emotionalen Zustand ausgewirkt? Hast du dich mehr mit deinem Körper verbunden gefühlt? Haben bestimmte Übungen bestimmte Erinnerungen oder Empfindungen hervorgerufen? Indem Sie Ihre Reise dokumentieren, erstellen Sie eine Roadmap Ihres Heilungsprozesses, die es Ihnen ermöglicht, Muster und Fortschritte im Laufe der Zeit zu erkennen.

Denken Sie daran, dass die Personalisierung das Herzstück dieser Reise ist. Was bei einer Person funktioniert, findet bei einer anderen Person vielleicht keine Resonanz, und das ist völlig in Ordnung. Hören Sie auf Ihren Körper; Es enthält den Schlüssel zu dem, was Sie brauchen. Wenn sich eine bestimmte Technik unangenehm oder nicht hilfreich anfühlt, zögere nicht, sie beiseite zu legen und etwas anderes auszuprobieren. Heilung ist kein Einheitsprozess; Es geht darum, den Rhythmus zu finden, der am besten zu dir passt. Umarme die Reise mit Neugier und Mitgefühl und erlaube dir die Freiheit, zu erforschen und dich anzupassen, während du in deiner Heilung voranschreitest.

Kapitel 10

Die Rolle von Achtsamkeit und Meditation bei der somatischen Heilung

Achtsamkeit ist im Kontext der somatischen Heilung die Praxis, die Aufmerksamkeit auf den gegenwärtigen Moment zu lenken, mit einem sanften, nicht wertenden Bewusstsein für Gedanken, Gefühle und körperliche Empfindungen. Es lädt uns ein, uns auf unsere inneren Erfahrungen einzustimmen, ohne sie zu überstürzen oder zu verändern. Diese Qualität der Präsenz ist besonders wichtig bei der Traumabewältigung, wo vergangene Erfahrungen oft als körperliche Anspannung, Angst oder emotionale Belastung wieder auftauchen können. Durch die Kultivierung von Achtsamkeit lernen wir, uns wieder mit unserem Körper und unseren Empfindungen zu verbinden, was uns ermöglicht, die komplexe Landschaft des Traumas mit größerem Mitgefühl und Verständnis zu navigieren.

Einer der wichtigsten Vorteile von Achtsamkeit für die Traumabewältigung liegt in ihrer Fähigkeit, einen sicheren Raum zu schaffen, in dem wir Unbehagen erleben können, ohne überwältigt zu werden. Wenn wir üben, präsent zu sein, beginnen wir zu bemerken, wie unser Körper auf Stress reagiert – vielleicht ein Engegefühl in der Brust oder ein Flattern im Bauch. Anstatt uns von diesen Empfindungen mitreißen zu lassen oder sie ganz zu vermeiden, ermutigt uns Achtsamkeit, sie mit Neugier zu beobachten. Dieser Prozess trägt dazu bei, uns gegenüber Auslösern zu desensibilisieren und die Intensität unserer Reaktionen im Laufe der Zeit zu verringern. Wenn wir uns unserer körperlichen Empfindungen bewusster werden, können wir beginnen, sie von den Erzählungen zu trennen, die wir über unser Trauma haben, und so ein Gefühl der Handlungsfähigkeit und Ermächtigung fördern.

Um Achtsamkeit in unseren Alltag einzuweben, können wir mit kleinen, überschaubaren Praktiken beginnen, die uns in der Gegenwart verankern. Beginnen Sie damit, sich jeden Tag ein paar Minuten Zeit zu nehmen, um eine achtsame Atemübung zu machen. Nimm dir eine bequeme Sitzposition, schließe die Augen und konzentriere dich auf deinen Atem. Atmen Sie tief durch die Nase ein, damit sich Ihr Bauch vollständig ausdehnen kann. Atmen Sie dann langsam durch den Mund aus und spüren Sie, wie Luft freigesetzt wird. Während du atmest, achte auf die Empfindungen deines

Atems – die Kühle der Luft, die in deine Nasenlöcher eindringt, die Wärme deines Atems, wenn er deinen Körper verlässt. Wenn deine Gedanken zu wandern beginnen, lenke deinen Fokus sanft zurück auf deinen Atem, ohne zu urteilen. Diese einfache Übung beruhigt nicht nur das Nervensystem, sondern hilft auch, dich im gegenwärtigen Moment zu verankern.

Sie können Achtsamkeit auch in den Alltag integrieren, z. B. beim Essen oder Spazierengehen. Nehmen Sie sich während der Mahlzeiten einen Moment Zeit, um die Farben, Texturen und Aromen Ihres Essens zu genießen. Kauen Sie langsam und genießen Sie jeden Bissen, wobei Sie auf die Aromen und Empfindungen in Ihrem Mund achten. Diese Praxis steigert nicht nur Ihren Genuss am Essen, sondern hilft Ihnen auch, sich mit den Hunger- und Sättigungssignalen Ihres Körpers zu verbinden, was eine intuitivere Beziehung zur Ernährung fördert.

Achtsames Gehen ist eine weitere wunderbare Möglichkeit, Präsenz und Bewusstsein in deinem Körper zu kultivieren. Achte beim Gehen auf das Gefühl, dass deine Füße den Boden berühren. Spüren Sie, wie sich das Gewicht von einem Fuß auf den anderen verlagert, und werden Sie sich des Rhythmus Ihres Atems bewusst, während Sie sich bewegen. Es kann hilfreich sein, deine Schritte zu zählen oder deinen Atem mit deiner Bewegung zu synchronisieren – atme drei Schritte lang ein und dann drei Schritte lang aus. Dies zentriert dich nicht nur in deinem Körper, sondern verwandelt auch einen einfachen Spaziergang in eine nährende Praxis der Selbstwahrnehmung.

Darüber hinaus kann die Einbeziehung von Körperscans in Ihre Achtsamkeitspraxis Ihre Verbindung zu körperlichen Empfindungen vertiefen. Suchen Sie sich ein ruhiges Plätzchen, um sich bequem hinzulegen oder hinzusetzen, und schließen Sie die Augen. Beginnen Sie mit ein paar tiefen Atemzügen und lassen Sie Ihren Körper bei jedem Ausatmen entspannen. Dann, beginnend mit den Zehenspitzen, bringst du dein Bewusstsein langsam zu jedem Teil deines Körpers und bewegst dich nach oben. Achte auf Bereiche der Anspannung oder des Unbehagens, ohne sie zu verurteilen, und erkenne einfach ihre Anwesenheit an. Während du dich durch deinen Körper bewegst, visualisiere, wie du in diese Bereiche atmest, was Entspannung und Leichtigkeit einlädt. Diese Praxis kann als kraftvolles Werkzeug dienen, um gespeicherte Spannungen zu lösen und ein größeres Gefühl der Verkörperung zu fördern.

Denken Sie bei jeder dieser Übungen daran, dass es bei Achtsamkeit um Akzeptanz und Neugier geht. Es geht nicht darum, einen bestimmten Zustand zu erreichen oder eine Veränderung zu erzwingen; Vielmehr geht es darum, bei dem zu sein, was ist, sich selbst zu erlauben, die Fülle seiner Empfindungen und Emotionen zu erfahren, ohne sich von ihnen mitreißen zu lassen. Indem Sie Achtsamkeit in Ihr tägliches Leben integrieren, kultivieren Sie eine tiefere Verbindung zu Ihrem Körper und fördern Heilung und

Widerstandsfähigkeit, während Sie den Weg der Traumabewältigung beschreiten.

Meditationstechniken zur Unterstützung der somatischen Heilung

Meditation kann ein kraftvoller Verbündeter auf Ihrer Reise durch die somatische Therapie sein und Ihnen zusätzliche Werkzeuge bieten, um Ihre Verbindung zwischen Körper und Geist zu vertiefen. Indem du verschiedene Meditationstechniken in deine Praxis integrierst, kannst du einen reichhaltigen Teppich an heilenden Erfahrungen schaffen, der die Selbstwahrnehmung, Entspannung und emotionale Widerstandsfähigkeit fördert.

Geführte Meditationen sind eine wunderbare Möglichkeit, Ihre innere Landschaft mit der Unterstützung einer beruhigenden Stimme zu erkunden, die Sie durch die Erfahrung führt. Diese Sitzungen sind in zahlreichen Formaten zu finden, von Apps bis hin zu Online-Videos, so dass es einfach ist, eine zu finden, die bei Ihnen Anklang findet. Stell dir vor, du machst es dir bequem, vielleicht im Liegen oder in einem gemütlichen Stuhl, und lässt dich sanft von der Stimme führen. Während du zuhörst, stellst du dir vielleicht einen ruhigen Ort, einen Garten oder einen friedlichen Strand vor, an dem du dich sicher und wohl fühlst. Der Führer kann Sie einladen, sich auf Ihren Atem zu konzentrieren, und Sie ermutigen, tief einzuatmen und langsam auszuatmen, um alle Spannungen zu lösen, die sich in Ihrem Körper aufgebaut haben. Mit jedem Atemzug versinkst du vielleicht tiefer in die Entspannung und schaffst Raum für Heilung und innere Verbindung.

Eine weitere unschätzbare Praxis ist die Body-Scan-Meditation, die Sie einlädt, ein tiefes Bewusstsein für Ihre körperlichen Empfindungen zu entwickeln. In dieser Meditation beginnst du damit, einen ruhigen Ort zu finden, an dem du nicht gestört wirst. Während du die Augen schließt und ein paar Mal tief durchatmerst, konzentriere deine Aufmerksamkeit auf deinen Körper, beginnend mit den Zehenspitzen und langsam nach oben. Stell dir vor, du bringst dein Bewusstsein auf jeden Bereich und nimmst irgendwelche Empfindungen wahr – Wärme, Anspannung oder vielleicht ein Gefühl von Leichtigkeit. Diese sanfte Erkundung ermutigt Sie, mit Ihrem Körper präsent zu sein und Bereiche anzuerkennen, die möglicherweise Stress oder Unbehagen bereithalten. Mit jedem Scan können Sie bewusst Verspannungen lösen, in Verspannungen atmen und sich entspannen. Diese Praxis fördert nicht nur die Verbindung zwischen Körper und Geist, sondern ermöglicht es Ihnen auch, eine mitfühlende Beziehung zu sich selbst zu entwickeln.

Visualisierung ist eine weitere dynamische Technik, die Ihre somatische Therapiepraxis verbessern kann. Bei dieser Methode nutzen Sie Ihre Vorstellungskraft, um lebendige mentale Bilder zu schaffen, die Entspannung und Heilung fördern. Stellen Sie sich ein helles, goldenes Licht vor, das Ihren gesamten Körper umhüllt und Wärme und Komfort in jede Zelle bringt. Während du dir dieses Licht vorstellst, stelle dir vor, wie es jeglichen Stress oder Schmerz auflöst und ihn durch ein beruhigendes Gefühl der Ruhe ersetzt. Du könntest dich dafür entscheiden, eine Schutzbarriere um dich herum zu visualisieren, die Negativität in Schach hält, oder du stellst dir vor, wie sich dein Körper frei und leicht bewegt und die Vitalität widerspiegelt, die du dir wünschst. Wenn du deine Vorstellungskraft auf diese Weise anregst, bereichert das nicht nur deine meditative Erfahrung, sondern verstärkt auch positive Assoziationen mit Heilung und Ermächtigung.

Die Integration dieser Meditationstechniken in Ihre somatische Therapiepraxis ermöglicht es Ihnen, Ihr Bewusstsein zu vertiefen und Heilung auf mehreren Ebenen zu erleichtern. Wenn du dich auf diese Reise begibst, denke daran, dass es keine richtige oder falsche Art zu meditieren gibt. Der Schlüssel liegt darin, das zu finden, was sich für Sie am unterstützendsten und resonantesten anfühlt. Ob durch geführte Sitzungen, Körperscans oder lebendige Visualisierungen, Sie schaffen eine nährende Umgebung, in der Körper und Geist in Harmonie arbeiten können und den Weg für eine tiefgreifende Transformation und Genesung ebnen. Nimm diese Praktiken als integrale Bestandteile deines Heilungswerkzeugs an und erlaube ihnen, deine Erfahrung zu bereichern, während du deinen Körper zurückeroberst und dein Leben wiederherstellst.

Sensibilisierung für Ihre täglichen Aktivitäten

Achtsamkeit kann sich in das Gewebe unseres Alltags einweben und selbst die banalsten Momente in kraftvolle Gelegenheiten zur Heilung und Selbstfindung verwandeln. Stell dir vor, du setzt dich zu einer Mahlzeit hin, vielleicht zu einer einfachen Schüssel Haferflocken oder einem lebendigen Salat. Anstatt es durchzuhetzen, während Sie vom Fernseher oder Ihrem Telefon abgelenkt sind, nehmen Sie sich einen Moment Zeit, um eine Pause einzulegen. Achten Sie auf die Farben, Texturen und Aromen Ihrer Lebensmittel. Wenn Sie Ihren ersten Bissen nehmen, verlangsamen Sie sich und lassen Sie sich wirklich auf das Erlebnis ein. Spüren Sie die Wärme der Schale in Ihren Händen, die subtilen Aromen auf Ihrer Zunge und das befriedigende Gefühl von Nahrung, die Ihren Körper erfüllt. Wenn Gedanken hereinkommen – Sorgen über den bevorstehenden Tag oder Reflexionen über das, was passiert ist – erkenne sie ohne Urteil an und lass sie wie Blätter auf einem Bach davontreiben. Diese Praxis des achtsamen Essens kann Mahlzeiten in heilige Momente der Verbundenheit mit sich selbst und seinem Körper verwandeln.

Auch das Gehen bietet eine schöne Leinwand für Achtsamkeit. Wenn Sie das nächste Mal nach draußen gehen, versuchen Sie, Ihren Fokus vom Ziel auf die Reise selbst zu verlagern. Fühle, wie sich deine Füße mit dem Boden unter dir verbinden, jeder Schritt ist eine sanfte Erinnerung an deine Präsenz in der Welt. Achte auf den Rhythmus deines Atems – achte darauf, wie er sich mit deinen Bewegungen synchronisiert. Lassen Sie Ihre Sinne lebendig werden; das Rascheln der Blätter, das Zwitschern der Vögel, das Gefühl der Brise auf der Haut. Wenn dein Geist anfängt, zu den Belastungen des täglichen Lebens zu wandern, bringe ihn sanft zurück zu den Empfindungen des Gehens, der Erfahrung, in diesem Moment voll lebendig zu sein. Achtsames Gehen kann eine herrliche Übung sein, die dich erdet und dir hilft, Spannungen abzubauen und deinen Kopf frei zu bekommen.

Gespräche können auch zu einer Gelegenheit für Achtsamkeit werden. In unserer schnelllebigen Welt ist es leicht, sich in der Hektik des Ideenaustauschs zu verfangen und oft darüber nachzudenken, was wir als nächstes sagen wollen, anstatt wirklich zuzuhören. Versuchen Sie bei Ihrem nächsten Gespräch, sich dem mit achtsamem Herzen zu nähern. Achte auf den Klang der Stimme der anderen Person, den Ausdruck in ihrem Gesicht und die Emotionen, die in ihren Worten vermittelt werden. Nehmen Sie sich einen Moment Zeit, um eine Pause einzulegen, bevor Sie antworten, und lassen Sie sich vollständig aufnehmen, was sie sagen. Während du sprichst, sei dir der Empfindungen in deinem Körper bewusst – fühlst du dich entspannt oder angespannt? Fließen deine Worte frei oder spürst du das Gewicht deiner Gedanken? Diese Praxis bereichert nicht nur Ihre Interaktionen, sondern vertieft auch Ihre

Verbindung zu anderen und fördert Empathie und Verständnis.

Vielleicht finden Sie Achtsamkeit sogar in Ihren täglichen Aufgaben. Egal, ob es darum geht, Geschirr zu spülen, Wäsche zusammenzulegen oder den Müll rauszubringen, jede Aufgabe kann mit Präsenz durchdrungen sein. Spüren Sie das warme Wasser, wenn Sie einen Teller schrubben, nehmen Sie den Geruch der Seife oder die Textur des Stoffes wahr, wenn Sie ihn falten. Bringen Sie mit jeder Bewegung Ihr Bewusstsein auf die Empfindungen in Ihren Händen und Armen und lassen Sie den Rhythmus der Aufgabe Ihren Geist beruhigen. Auf diese Weise verwandeln Sie die Hausarbeit in Momente der Ruhe, eine Praxis der Dankbarkeit für den einfachen Akt der Fürsorge für Ihren Raum.

Indem Sie diese achtsamen Momente in Ihren Alltag integrieren, schaffen Sie ein Heiligtum des Bewusstseins, das Heilung und Widerstandsfähigkeit fördert. Jede Erfahrung wird zu einer Einladung, deine Gedanken und Emotionen zu erforschen, und hilft dir, eine tiefere Verbindung zu dir selbst und der Welt um dich herum zu kultivieren. Wenn du Achtsamkeit in diesen verschiedenen Aktivitäten anwendest, denke daran, dass es nicht darum geht, Perfektion zu erreichen; Es geht darum, sich selbst zu zeigen, einen Moment nach dem anderen.

Dankbarkeit als somatisches Werkzeug üben

Dankbarkeit spielt eine tiefgreifende Rolle für die somatische Heilung und das allgemeine Wohlbefinden und dient als wirksames Gegenmittel gegen die Belastungen und Traumata, die wir in unserem Körper tragen. Wenn wir Dankbarkeit kultivieren, verlagern wir unseren Fokus von dem, was uns fehlt oder den Lasten, die wir tragen, hin zu der Fülle an Erfahrungen und Beziehungen, die unser Leben bereichern. Diese Verschiebung ist nicht nur eine mentale Übung; Es hat echte physiologische Wirkungen. Dankbarkeit kann Stresshormone abbauen, die Stimmung verbessern und sogar die körperliche Gesundheit verbessern, indem es die Entspannung fördert und Muskelverspannungen reduziert. Im Wesentlichen hilft Dankbarkeit, unser Gehirn neu zu verdrahten, was es uns ermöglicht, eine positivere Erzählung über unser Leben und unsere Erfahrungen zu erstellen, was für die Heilung unerlässlich ist.

Um diese transformative Praxis zu fördern, sollten Sie in Erwägung ziehen, spezifische Übungen einzubauen, die Ihnen helfen, über Dankbarkeit nachzudenken und sie auf sinnvolle Weise auszudrücken. Eine Übung besteht darin, ein tägliches Dankbarkeitsritual zu erstellen. Nehmen Sie sich jeden Morgen oder Abend ein paar Augenblicke Zeit, um still hinzusitzen, tief durchzuatmen und über drei Dinge nachzudenken, für die Sie dankbar sind. Das können einfache Freuden sein, wie die Wärme der Sonne auf der Haut, ein unterstützender Freund oder sogar eine leckere Mahlzeit, die du genossen hast. Wenn du an jeden Gegenstand denkst, erlaube dir, die Emotionen, die mit deiner Dankbarkeit verbunden sind, wirklich zu fühlen. Visualisieren Sie, wie sich diese positiven Erfahrungen auf Ihr Leben und Ihren Körper auswirken und dazu beitragen, ein Gefühl von Sicherheit und Freude zu entwickeln.

Eine weitere bereichernde Praxis ist das Tagebuchschreiben. Schnappen Sie sich ein Notizbuch und nehmen Sie sich jeden Tag ein paar Minuten Zeit, um über Ihre Dankbarkeit zu schreiben. Anstatt nur Dinge aufzulisten, gehen Sie darauf ein, warum Sie dafür dankbar sind. Wenn du zum Beispiel dankbar für einen Freund bist, denke darüber nach, wie seine Anwesenheit dich unterstützt, wie sein Lachen deinen Tag erhellt und wie er dir hilft, dich verbunden zu fühlen. Diese Übung ermutigt dich, nicht nur das Gute in deinem Leben zu erkennen, sondern auch die tieferen emotionalen Bindungen zu erforschen, die zu deinem allgemeinen Wohlbefinden beitragen. Im Laufe der Zeit werden Sie vielleicht feststellen, dass diese Reflexionen Ihre Wertschätzung für Ihr Leben vertiefen und Ihre Widerstandsfähigkeit gegenüber Herausforderungen stärken.

Du könntest auch in Erwägung ziehen, deine Dankbarkeit mit anderen zu teilen, was die Verbindung fördern und Beziehungen stärken kann. Versuchen Sie, einen herzlichen Brief oder eine Notiz an jemanden zu schreiben, der einen positiven Einfluss auf Ihr Leben hatte. Beschreiben Sie auf bestimmte Weise, wie sie Sie unterstützt, ermutigt oder einfach zum Lächeln gebracht haben. Diese Praxis erhebt nicht nur den Empfänger, sondern verstärkt auch Ihre Gefühle der Dankbarkeit und Verbundenheit. Wenn Sie sich mutig fühlen, können Sie Ihre Dankbarkeit sogar während einer Versammlung oder eines Meetings laut aussprechen, was einen positiven Effekt erzeugt, der die gesamte Gruppe erheben kann.

Achten Sie bei diesen Dankbarkeitsübungen darauf, wie Sie sich körperlich fühlen. Achte darauf, ob du ein Gefühl von Wärme, Offenheit oder Leichtigkeit in deinem Körper verspürst. Diese Verbindung zwischen emotionalen und körperlichen Zuständen unterstreicht die ganzheitliche Natur der Heilung – wenn wir unser emotionales Wohlbefinden durch Dankbarkeit nähren, unterstützen wir auch unsere somatische Gesundheit. Nehmen Sie also diese Praktiken an, erlauben Sie sich, tiefe Dankbarkeit zu fühlen und auszudrücken, und erleben Sie, wie dieser Perspektivenwechsel Ihre Widerstandsfähigkeit stärken und Ihre Heilungsreise in eine Reise voller Licht und Hoffnung verwandeln kann.

Kapitel 11

Heilung durch Gemeinschaft und Verbundenheit

Gruppenunterstützung kann ein transformativer Aspekt der Trauma-Genesung sein und einen einzigartigen Raum bieten, in dem Einzelpersonen ihre Erfahrungen und Gefühle in einer sicheren Umgebung austauschen können. Wenn Menschen in einer Gruppe zusammenkommen, geschieht etwas Magisches: Die Barrieren der Isolation beginnen sich aufzulösen. Viele Traumaüberlebende fühlen sich in ihren Kämpfen oft allein, belastet durch das Gewicht ihrer Erfahrungen. Wenn sie sich jedoch in einem Kreis von Gleichaltrigen wiederfinden, die ähnliche Wege gegangen sind, entsteht ein Gefühl der Zugehörigkeit. Dieses gemeinsame Verständnis fördert tiefe Verbindungen und erinnert jeden Teilnehmer daran, dass er mit seinem Schmerz nicht allein ist.

Stellen Sie sich einen Kreis von Individuen vor, die zusammensitzen, jeder mit seinen eigenen Traumageschichten. Während sie sich beim Teilen abwechseln, stellen sie fest, dass ihre Erfahrungen zwar unterschiedlich sein können, die Emotionen, die mit diesen Erfahrungen verbunden sind, jedoch tief miteinander in Resonanz gehen. Eine Person erzählt vielleicht, wie sie sich nach einem traumatischen Ereignis in einem Angstzyklus gefangen fühlte, während eine andere von der überwältigenden Trauer erzählt, die nach einem Verlust kam. Während sie zuhören und nachdenken, erkennen sie, dass sie einen gemeinsamen Nenner haben – ein unausgesprochenes Verständnis von Angst, Trauer und der Sehnsucht nach Heilung. In diesem Raum wird Verletzlichkeit zu einer Quelle der Stärke. Die Teilnehmer ermutigen sich gegenseitig und bieten Einblicke und Unterstützung an, die von einem Ort der Empathie kommen. Diese Dynamik fördert eine Atmosphäre der Akzeptanz, in der sich jeder gesehen und gehört fühlt.

Erfahrungsberichte von Personen, die an einer Gruppentherapie teilgenommen haben, unterstreichen die tiefgreifende Wirkung dieser gemeinsamen Erfahrungen. Ein Teilnehmer erzählte: "Bevor ich der Gruppe beitrat, fühlte ich mich, als wäre ich in einem dunklen Tunnel ohne Ausweg. Aber mit anderen zusammen zu sein, die meinen Schmerz verstanden, gab mir das Gefühl, endlich wieder atmen zu können. Es war, als hätte ich ein Licht am Ende des Tunnels gefunden, umgeben von Menschen, die es wirklich verstanden haben." Dieses Gefühl fängt die Essenz der Gruppenunterstützung ein – sie schafft einen sicheren Hafen, in dem Einzelpersonen ihre Verletzlichkeiten ohne Urteil erkunden können.

Darüber hinaus können Gruppen Einzelpersonen die Möglichkeit bieten, den Weg anderer zur Heilung mitzuerleben. Wenn die Teilnehmer ihre Fortschritte teilen, egal wie klein sie sind, dient dies als Hoffnungsträger für andere in der Gruppe. Geschichten über Resilienz zu hören, kann Motivation wecken und diejenigen inspirieren, die sich immer noch in ihrem Trauma festgefahren fühlen. Eine Frau erzählte, wie sie mehrere Monate lang an Gruppensitzungen teilnahm, bevor sie anfing, eine Veränderung in ihrer Denkweise zu spüren. "Ich habe gesehen, wie andere begannen, ihr Leben zurückzuerobern, und das hat mich dazu gebracht, Dinge auszuprobieren, von denen ich nie gedacht hätte, dass ich sie tun könnte. Ich lernte, dass Heilung nicht linear ist, und das war in Ordnung." Solche Erkenntnisse zeigen, wie die kollektive Stärke einer Gruppe persönliche Durchbrüche fördern und ein Gefühl der Hoffnung fördern kann, das sich greifbar anfühlt.

Darüber hinaus kann die Teilnahme an Gruppenunterstützung auch wichtige soziale Fähigkeiten vermitteln, die möglicherweise durch ein Trauma behindert wurden. Viele Überlebende haben Schwierigkeiten mit Vertrauen und Kommunikation und finden es schwierig, sich zu öffnen oder sich mit anderen auseinanderzusetzen. Innerhalb der Gruppe üben die Teilnehmer diese Fähigkeiten in einer fördernden Umgebung und bauen nach und nach ihr Selbstvertrauen in der Verbindung mit anderen wieder auf. Ein Teilnehmer merkte an: "Zuerst hatte ich Angst, mich zu äußern. Aber als ich anderen zuhörte und meine eigene Geschichte erzählte, spürte ich eine Veränderung. Ich begann zu verstehen, dass ich nicht allein war, wenn es darum ging, mich verletzlich zu fühlen. Es hat mir geholfen, meine Stimme wiederzufinden." Diese Wiedererlangung der Stimme ist ein entscheidender Schritt im Heilungsprozess und ermöglicht es dem Einzelnen, seine Gefühle und Bedürfnisse auf eine Weise auszudrücken, die sich sicher und unterstützt anfühlt.

Der Einfluss der Gruppendynamik kann bei der Traumabewältigung besonders tiefgreifend sein. Die Teilnehmer entwickeln oft ein Gefühl der Verantwortung füreinander, was sie motivieren kann, sich aktiver an ihrem Heilungsprozess zu beteiligen. Wenn sie Verbindungen und Freundschaften aufbauen, freuen sie sich oft auf jede Sitzung, weil sie wissen, dass sie nicht nur an einem Treffen teilnehmen, sondern einer Gemeinschaft beitreten. In vielen Fällen bilden die Gruppenmitglieder Bindungen, die über die Therapie hinausgehen, sich gegenseitig in ihrem Alltag unterstützen und ein Netzwerk der Ermutigung und Freundschaft schaffen, das unglaublich heilsam sein kann.

Diese gemeinsamen Erfahrungen in der Gruppenunterstützung fördern nicht nur die individuelle Heilung, sondern kultivieren auch die kollektive Resilienz. Wenn die Teilnehmer die Stärke und den Mut ihrer Altersgenossen erleben, beginnen sie, ihr eigenes Heilungspotenzial zu erkennen. Durch den Weg des Teilens, Zuhörens und Unterstützens schaffen sie eine starke Gemeinschaft, die zusammensteht und Verbundenheit und Hoffnung im Angesicht von Widrigkeiten fördert. Dieses Gefühl der Kameradschaft kann eine unschätzbare Ressource sein und die Idee bestärken, dass die Reise der Traumabewältigung zwar zutiefst persönlich ist, aber nicht alleine zurückgelegt werden muss.

Erstellen Sie Ihr eigenes Support-System

Der Aufbau eines persönlichen Unterstützungssystems ist ein entscheidender Schritt auf deinem Weg zur Heilung, und es kann sowohl stärkend als auch beruhigend sein, zu wissen, dass du diesen Weg nicht alleine gehen musst. Wenn Sie sich mit Freunden, Familie und Fachleuten umgeben, die Ihre Erfahrungen wirklich verstehen und bestätigen, kann dies Ihre Genesung von einem Trauma erheblich beeinflussen. Beginnen Sie damit, über die Beziehungen nachzudenken, die Sie bereits haben. Identifizieren Sie die Personen, die Freundlichkeit, Empathie und Unterstützung bieten, da dies die Menschen sind, die

Ihnen einen sicheren Raum bieten können, in dem Sie Ihre Gefühle und Erfahrungen ausdrücken können.

Wenn es darum geht, Ihre Bedürfnisse zu kommunizieren, ist Ehrlichkeit der Schlüssel. Du zögerst vielleicht, deine Probleme mit deinen Nächsten zu teilen, weil du befürchtest, dass sie es nicht verstehen oder sich unwohl fühlen könnten. Wenn Sie sich diesen Gesprächen jedoch mit Verletzlichkeit nähern, können Sie tiefere Verbindungen fördern. Beginnen Sie damit, das, was Sie durchmachen, auf eine Weise auszudrücken, die sich für Sie angenehm anfühlt. Du könntest zum Beispiel sagen: "Ich habe in letzter Zeit mit einigen herausfordernden Gefühlen zu kämpfen und könnte deine Unterstützung wirklich gebrauchen." Diese einfache Aussage öffnet die Tür für einen Dialog und lädt eure Lieben ein, in eure Welt einzutreten und ihr Verständnis anzubieten.

Das Setzen von Grenzen ist ein weiterer wesentlicher Aspekt beim Aufbau eines unterstützenden Netzwerks. Es ist völlig in Ordnung, die Leute wissen zu lassen, was Sie in Bezug auf Raum und Interaktion benötigen. Wenn du dich überfordert fühlst, kommuniziere, dass du vielleicht etwas Ruhe brauchst oder dass du bestimmte Themen vorerst vom Tisch lassen möchtest. Klare Grenzen schützen nicht nur Ihr Wohlbefinden, sondern helfen auch anderen zu verstehen, wie sie Sie am besten unterstützen können. Denken Sie daran, Grenzen sind keine Mauern; Sie sind einfach Richtlinien, die Ihnen helfen, Ihre emotionale Sicherheit zu wahren.

Unterstützende Beziehungen zu suchen bedeutet auch, bewusst zu sein, mit wem du deine Zeit verbringst. Umgeben Sie sich mit Menschen, die nicht nur zuhören, sondern auch Ihre Gefühle bestätigen. Bei diesen Personen kann es sich um Freunde, Familienmitglieder oder sogar Mitglieder von Selbsthilfegruppen handeln, die ähnliche Erfahrungen machen. Suchen Sie nach Communities – ob online oder persönlich –, die mit Ihrer Reise in Einklang stehen. Die Verbindung zu anderen, die ein Trauma erlebt haben, kann ein Gefühl der Kameradschaft schaffen und dich daran erinnern, dass du nicht allein bist und dass deine Gefühle sowohl gültig als auch geteilt sind.

Zögern Sie außerdem nicht, professionelle Unterstützung in Anspruch zu nehmen, wenn Sie das Gefühl haben, dass dies für Sie von Vorteil ist. Ein Therapeut oder Berater kann eine spezielle Form des Verständnisses und der Anleitung bieten, für die Freunde und Familie möglicherweise nicht gerüstet sind. Berücksichtigen Sie bei der Auswahl eines Fachmanns, welche Eigenschaften für Sie wichtig sind – ob es sich um jemanden handelt, der einfühlsam ist, Erfahrung in der Traumabewältigung hat oder somatische Ansätze verwendet. Der richtige Fachmann kann Ihnen helfen, Ihre Gefühle und Erfahrungen zu steuern, und bietet Ihnen Strategien, die auf Ihre individuellen Bedürfnisse abgestimmt sind.

Denken Sie beim Aufbau Ihres Support-Systems daran, dass es sich um einen dynamischen Prozess handelt. Beziehungen werden sich weiterentwickeln, und das ist völlig normal. Möglicherweise stellen Sie fest, dass einige Verbindungen stärker werden, während andere verblassen. Das ist okay. Das Ziel ist es, ein Netzwerk von Menschen zu schaffen, die dich erheben und stärken, die deine Reise verstehen und dich ermutigen, deinen Heilungsprozess anzunehmen. Feiern Sie die kleinen Siege auf dem Weg und erkennen Sie, dass jeder Schritt, den Sie zum Aufbau dieses Unterstützungssystems unternehmen, ein Schritt zur Wiedererlangung Ihres Lebens und Ihres Wohlbefindens ist. Sich mit Verständnis zu umgeben und Menschen zu bestätigen, ist ein Geschenk, das du dir selbst machst – eine Erinnerung daran, dass Heilung eine Reise ist, die du am besten mit anderen an deiner Seite unternimmst.

Arbeit mit einem somatischen Therapeuten: Was Sie erwartet

Die Arbeit mit einem somatischen Therapeuten kann eine zutiefst transformative Erfahrung sein und einen Weg zur Heilung bieten, der die tiefe Verbindung zwischen Geist und Körper anerkennt. Wenn Sie zum ersten Mal in eine somatische Therapiesitzung eintreten, beginnt die Reise in der Regel mit einer ersten Beurteilung. Dies ist eine Zeit für Sie und den Therapeuten, um sich kennenzulernen und einen sicheren Raum zu schaffen, in dem Sie Ihre Erfahrungen und Bedenken austauschen können. Der Therapeut wird Sie nach Ihrer Vorgeschichte befragen, wobei er sich nicht nur auf vergangene Traumata, sondern auch auf Ihre aktuellen körperlichen Empfindungen und emotionalen Zustände konzentriert. In diesem Gespräch geht es nicht nur um Ihre psychische Gesundheit; Es ist eine Einladung, sich auf deinen Körper einzustimmen und zu erforschen, wie deine körperlichen Erfahrungen mit deiner emotionalen Landschaft verbunden sein könnten.

Wenn Sie tiefer in Ihre persönliche Erzählung eintauchen, wird der Therapeut mit Ihnen zusammenarbeiten, um spezifische Ziele für Ihre Therapie festzulegen. Diese Ziele können von der Reduzierung von Ängsten und Stress über die Entwicklung eines größeren Körperbewusstseins bis hin zur Suche nach Strategien zur Bewältigung emotionaler Auslöser reichen. Es ist wichtig, diesen Prozess gemeinsam anzugehen und sicherzustellen, dass Ihre Stimme im Mittelpunkt der therapeutischen Reise steht. Gemeinsam erstellen Sie einen Fahrplan für Ihre Heilung, einen Leitfaden, der auf Ihre individuellen Bedürfnisse und Bestrebungen abgestimmt ist.

Die somatische Therapie ist reich an einer Vielzahl von Techniken, die den Körper einbeziehen und die Heilung erleichtern sollen. Dazu kann Atemarbeit gehören, bei der du lernst, die Kraft deines Atems zu nutzen, um das Nervensystem zu beruhigen und dich im gegenwärtigen Moment zu erden. Sanfte Bewegungspraktiken wie somatisches Yoga oder Stretching helfen, in der Muskulatur gespeicherte Verspannungen zu lösen und fördern ein Gefühl der Freiheit im Körper. Der

Therapeut kann auch geführte Visualisierungen oder Achtsamkeitsübungen einführen, die Sie dazu ermutigen, sich mit Ihren körperlichen Empfindungen zu verbinden und sie auf nicht wertende Weise zu erforschen. Diese Techniken bieten Ihnen die Möglichkeit, Emotionen und Erfahrungen, die in Ihrem Körper gespeichert sind, zu verarbeiten und ein tieferes Verständnis für sich selbst zu fördern.

Bei der Suche nach einem somatischen Therapeuten ist es wichtig, auf bestimmte Qualitäten zu achten, die Ihre Heilungsreise erheblich verbessern können. Ein guter somatischer Therapeut sollte ein tiefes Verständnis von Traumata besitzen und wissen, wie sie sich sowohl auf Geist als auch auf Körper auswirken. Sie sollten Mitgefühl und Empathie ausstrahlen und einen sicheren Raum schaffen, in dem Sie sich wohl fühlen, schwierige Emotionen und Erfahrungen zu erforschen. Darüber hinaus sollten sie in einer Vielzahl von somatischen Techniken geschult sein, um flexibel auf Ihre individuellen Bedürfnisse einzugehen. Es ist auch von Vorteil, jemanden zu finden, der eine offene Kommunikation fördert und Sie einlädt, Ihre Gedanken und Gefühle über den therapeutischen Prozess zu teilen, während er sich entfaltet.

Die Vorbereitung auf Ihre somatischen Therapiesitzungen kann auch die Wirksamkeit Ihrer Erfahrung verbessern. Vor einer Sitzung ist es hilfreich, sich einen Moment Zeit zu nehmen, um darüber nachzudenken, worauf Sie sich während Ihrer gemeinsamen Zeit konzentrieren möchten. Erwäge, ein

Tagebuch zu führen, um alle körperlichen Empfindungen, Emotionen oder Erfahrungen aufzuschreiben, die dir in den Tagen vor deinem Termin in den Sinn kommen. Dies kann Ihrem Therapeuten wertvolle Erkenntnisse liefern und Ihnen helfen, Ihre Bedürfnisse klarer zu artikulieren. Versuchen Sie am Tag der Sitzung, etwas früher zu kommen, um sich einen ruhigen Übergang in den Raum zu ermöglichen. Das Tragen bequemer Kleidung kann auch die Bewegung und Entspannung während der Sitzung erleichtern und es Ihnen erleichtern, sich ohne Einschränkungen mit Ihrem Körper zu verbinden.

Indem Sie sich der somatischen Therapie mit Offenheit und Neugier nähern, können Sie sich auf eine Heilungsreise begeben, die die Weisheit Ihres Körpers umfasst. Unter der Anleitung eines erfahrenen Therapeuten kann dieser Prozess zu tiefgreifenden Einsichten und Veränderungen führen, die es Ihnen ermöglichen, Ihr Gefühl von Sicherheit und Wohlbefinden in Ihrer eigenen Haut zurückzugewinnen.

Somatische Selbsthilfegruppen und Ressourcen finden

Wenn es darum geht, somatische Selbsthilfegruppen, Online-Communities und zusätzliche Ressourcen für die Traumabewältigung zu finden, gibt es eine Fülle von Optionen, die Ihre Reise weniger einsam und stärker machen können. Eine der effektivsten Möglichkeiten, mit anderen in Kontakt zu treten, die ähnliche Erfahrungen teilen, sind Organisationen, die sich auf somatische Therapie und Traumabewältigung spezialisiert haben. Zum Beispiel bietet das **Somatic Experiencing Trauma Institute** Workshops, Schulungsprogramme und ein Verzeichnis von Praktikern auf der ganzen Welt an. Ihre Website bietet eine Fundgrube an Ressourcen, darunter Artikel und Community-Foren, in denen Sie sich mit anderen auf dem gleichen Weg austauschen können.

Ein weiterer fantastischer Ort zum Erkunden ist **die Trauma Research Foundation**, die nicht nur Spitzenforschung zum Thema Trauma betreibt, sondern auch Veranstaltungen und Workshops veranstaltet, die darauf abzielen, Menschen mit unterstützenden Praktiken zu verbinden. Ihre Ressourcen können Ihnen helfen, lokale Selbsthilfegruppen, Schulungsmöglichkeiten und eine Gemeinschaft von Menschen zu finden, die sich auf die Heilung konzentrieren. In ähnlicher Weise fördern Organisationen wie **das Center for Nonviolent Communication** die Verbindung und das Verständnis, indem sie Workshops und Gemeinschaftsgruppen anbieten, die einfühlsame Kommunikation betonen — eine wichtige Komponente des Heilungsprozesses.

Für diejenigen, die die digitale Landschaft bevorzugen, gibt es zahlreiche Online-Communities, in denen Sie Erfahrungen austauschen und Ermutigung finden können. Websites wie **Reddit** haben spezielle Foren wie r/trauma und r/mentalhealth, in denen Sie mit anderen interagieren, Ihre Geschichte teilen und Einblicke aus verschiedenen Perspektiven gewinnen können. Facebook-Gruppen sind ein weiterer hervorragender Weg; Die Suche nach "somatischer Therapie" oder "Traumabewältigung" führt Sie zu lebendigen Gemeinschaften, in denen sich die Mitglieder gegenseitig mit Ressourcen, Ratschlägen und einem Gefühl der Zugehörigkeit unterstützen.

Wenn Sie auf der Suche nach zusätzlichen Materialien sind, um Ihr Verständnis zu vertiefen, sollten Sie sich das **National Institute for the Clinical Application of Behavioral Medicine (NICABM)** ansehen, das Webinare und Kurse anbietet, die sich auf traumainformierte Pflege und somatische Techniken konzentrieren. Ihr Inhalt wird oft durch die Erkenntnisse erfahrener Praktiker bereichert, die eine Anleitung zur Integration dieser Praktiken in Ihr tägliches Leben geben können.

Für lokalere Unterstützung sollten Sie sich an psychiatrische Kliniken oder Wellnesszentren in Ihrer Nähe wenden, die somatische Therapie oder traumainformierte Praxen anbieten. Viele dieser Zentren beherbergen Selbsthilfegruppen, in denen Sie andere in einer sicheren, fördernden Umgebung treffen können. Lokale Universitäten oder Community Colleges bieten möglicherweise auch Programme oder Workshops zur somatischen Therapie oder Traumabewältigung an, also zögern Sie nicht, diese Wege zu erkunden.

Zu guter Letzt solltest du daran denken, dass Heilung kein einsames Unterfangen ist. Die Suche nach einem unterstützenden Umfeld ist von entscheidender Bedeutung, und es gibt keinen Mangel an Ressourcen, die darauf warten, Sie zu unterstützen. Die Verbindungen, die Sie knüpfen, ob persönlich oder online, können eine starke Erinnerung daran sein, dass Sie auf dieser Reise nicht allein sind. Die Zusammenarbeit mit Gemeinschaften und Einzelpersonen, die Ihre Erfahrungen verstehen, kann die Heilung fördern und Ihnen helfen, ein Gefühl von Sicherheit und Ermächtigung in Ihrem Leben zurückzugewinnen.

"

Kapitel 12

Ihre fortlaufende Reise – Leben nach der Traumabewältigung

Wie sieht das Leben nach der Traumabewältigung aus?

Das Leben nach der Traumabewältigung kann ein lebendiger Teppich sein, der mit Fäden des Wachstums, der Freude und der Widerstandsfähigkeit verwoben ist. Stellen Sie sich vor, Sie wachen jeden Morgen mit einem Gefühl der Möglichkeit auf, und die Sonne, die durch Ihr Fenster fällt, fühlt sich wie eine sanfte Erinnerung daran an, dass heute eine neue Gelegenheit ist. Die Schwere, die einst deine Gedanken begleitete, beginnt sich zu heben und wird durch eine Leichtigkeit ersetzt, die zum Erforschen und Verbinden einlädt. Vielleicht fällt es dir leichter, zu lachen, den Geschmack deiner Lieblingsgerichte zu genießen oder die Wärme von Freundschaften zu genießen, die sich vertieft haben, während du dich auf deinen Weg zur Heilung begeben hast.

Während du dich durch das Leben bewegst, werden die Fähigkeiten, die du durch somatische Praktiken entwickelt hast, zu deinen Verbündeten. Vielleicht erinnern Sie sich daran, wie Sie in Momenten von Stress oder Angst gelernt haben, innezuhalten und sich auf Ihren Körper einzustimmen. Dieses neu gewonnene Bewusstsein hilft Ihnen, die körperlichen Empfindungen zu erkennen, die Unbehagen oder Unbehagen signalisieren, und ermöglicht es Ihnen, mit Freundlichkeit statt mit Angst zu reagieren. Wenn Auslöser auftauchen – vielleicht während eines Gesprächs, das unerwartet an die Vergangenheit erinnert – haben Sie die Werkzeuge, um sich zu erden. Tief durchzuatmen, die Füße auf dem Boden zu spüren und in den gegenwärtigen Moment zurückzukehren, wird instinktiv. Mit jeder Übung gewinnst du mehr von deinem Raum zurück und die Welt um dich herum fühlt sich ein bisschen weniger überwältigend an.

Dennoch ist es wichtig, sich darüber im Klaren zu sein, dass der Weg zur Genesung nicht immer reibungslos verläuft. Häufige Herausforderungen können auftreten, wenn Sie sich in Ihrem neuen Leben zurechtfinden. Es kann sein, dass du Momente des Zweifels oder der

Angst erlebst und dich fragst, ob du dein Trauma wirklich überwunden hast. Es mag Tage geben, an denen alte Erinnerungen wieder auftauchen und du mit Emotionen ringst, von denen du dachtest, dass du sie hinter dir gelassen hättest. Dies ist ein natürlicher Teil des Heilungsprozesses, und es ist wichtig, sich daran zu erinnern, dass Wachstum nicht linear verläuft.

Stütze dich in diesen Momenten auf die Widerstandsfähigkeit, die du kultiviert hast. Die somatischen Praktiken, die du dir zu eigen gemacht hast – achtsames Atmen, sanfte Bewegungen und Erdungstechniken – können dir helfen, wieder auf die Beine zu kommen. Anstatt diese Herausforderungen als Rückschläge zu betrachten, sehen Sie sie als Chancen für ein tieferes Verständnis. Jedes Mal, wenn du mit einem schwierigen Moment konfrontiert bist, überlebst du nicht nur; Du lernst mehr über dich selbst und die Stärken, die du besitzt.

Stellen Sie sich eine Zukunft vor, in der Sie Ihre Verletzlichkeit als Quelle der Stärke annehmen. Stell dir vor, du gehst Beziehungen ein, die deine Seele nähren, in denen du dich sicher fühlst, deine Gedanken und Emotionen zu teilen, ohne Angst vor Verurteilung haben zu müssen. Stell dir vor, du verfolgst Leidenschaften, die deinen Geist entfachen, sei es, ein lang verlorenes Hobby aufzunehmen, dich ehrenamtlich für eine Sache zu engagieren, die dir am Herzen liegt, oder einfach mehr Zeit in der Natur zu verbringen. Diese Momente der Freude können zu den Eckpfeilern Ihres neuen Lebens werden und den Weg für ein erfülltes Leben ebnen, das in Authentizität verwurzelt ist.

Während du dich durch die Komplexität des Lebens nach einem Trauma navigierst, denke daran, dass du auf dieser Reise nicht allein bist. Umgeben Sie sich mit einer unterstützenden Gemeinschaft – Freunden, Familie oder sogar anderen Überlebenden –, die Sie ermutigen und an Ihren Triumphen teilhaben können. Ihre Anwesenheit kann eine kraftvolle Erinnerung daran sein, dass Heilung eine kollektive Erfahrung ist, bei der gemeinsame Geschichten und gegenseitiges Verständnis ein Gefühl der Zugehörigkeit fördern.

Im Leben nach der Traumabewältigung geht es nicht nur darum, zu dem zurückzukehren, was man war; Es geht darum, sich zu jemandem zu entwickeln, der stärker, weiser und besser auf die eigenen Bedürfnisse abgestimmt ist. Du hast die Macht, dir eine Zukunft voller Möglichkeiten vorzustellen – ein Leben, das nicht durch deine Vergangenheit definiert, sondern durch deine Erfahrungen bereichert wird. Nutzen Sie dieses Potenzial und vertrauen Sie auf Ihre Fähigkeit, alle Herausforderungen zu meistern, die auf Sie zukommen mögen.

Bleiben Sie in Ihrem Fortschritt geerdet

Die Aufrechterhaltung eines Gefühls der Erdung und der Verbundenheit mit den Fortschritten, die Sie auf Ihrem Genesungsweg gemacht haben, ist für ein langfristiges Wohlbefinden unerlässlich. Eine wirkungsvolle Möglichkeit, dies zu tun, besteht darin, kleine Siege zu feiern. Jeder Schritt, den du machst, egal wie klein er erscheinen mag, ist ein Beweis für deine Widerstandsfähigkeit und dein Engagement für die Heilung. Vielleicht haben Sie es geschafft, in einem herausfordernden Moment präsent zu bleiben oder eine neue somatische Praxis auszuprobieren, die bei Ihnen Anklang gefunden hat. Diese kleinen Erfolge verdienen Anerkennung, weil sie gemeinsam zu Ihrem Wachstum beitragen. Erwägen Sie, ein Siegstagebuch zu führen, in dem Sie diese Momente notieren. Diese Praxis hebt nicht nur Ihre Erfolge hervor, sondern bietet auch eine greifbare Erinnerung an Ihre Reise, wenn Sie sie erneut besuchen.

Das Nachdenken über Ihr Wachstum ist eine weitere wichtige Strategie, um die Verbindung zu Ihrer Genesung aufrechtzuerhalten. Nehmen Sie sich regelmäßig Zeit, um innezuhalten und darauf zurückzublicken, wo Sie angefangen haben und wie weit Sie gekommen sind. Diese Reflexion kann so einfach sein wie ein ruhiger Moment in der Natur oder eine strukturiertere Praxis, wie das Schreiben eines Briefes an dein vergangenes Ich. In diesem Brief können Sie Mitgefühl für die Kämpfe ausdrücken, mit denen Sie konfrontiert waren, und die Kraft anerkennen, die es brauchte, um sie zu überwinden. Indem du deine Erfahrungen auf diese Weise formulierst, kultivierst du ein tieferes Verständnis für deine Reise und die Widerstandsfähigkeit, die daraus hervorgegangen ist.

Die Integration somatischer Praktiken in Ihren Alltag ist entscheidend für die Aufrechterhaltung des Wohlbefindens, für das Sie hart gearbeitet haben. Integrieren Sie achtsames Atmen oder sanfte Bewegungen in Ihre morgendlichen oder abendlichen Rituale. Diese Übungen erden dich nicht nur in der Gegenwart, sondern stärken auch die Verbindung zwischen deinem Geist und deinem Körper und helfen, angesammelte Spannungen zu lösen. Du könntest deinen Tag zum Beispiel mit ein paar Minuten tiefem Atmen beginnen und dich auf das Gefühl konzentrieren, dass dein Atem deine Lungen füllt. Stellen Sie sich beim Einatmen vor, wie Sie in Ruhe einziehen, und beim Ausatmen stellen Sie sich vor, wie Sie jeglichen Stress oder Sorgen loslassen. Diese einfache, aber kraftvolle Praxis kann einen positiven Ton für Ihren Tag setzen.

Eine weitere effektive Übung ist das achtsame Gehen, bei dem jeder Schritt eine Gelegenheit ist, sich mit deinem Körper und der Erde unter deinen Füßen zu verbinden. Achten Sie beim Gehen auf das Gefühl Ihrer Füße, die mit dem Boden in Kontakt kommen, und auf den Rhythmus Ihres Atems. Diese Praxis hilft nicht nur, dich zu erden, sondern schafft auch eine bewegende Meditation, die ängstliche Gedanken beruhigen und dich wieder mit dem gegenwärtigen Moment verbinden kann.

Darüber hinaus kann die Suche nach einer unterstützenden Gemeinschaft oder die Teilnahme an Gruppenübungen Ihr Gefühl der Verbundenheit und

Verantwortlichkeit verbessern. Das Teilen Ihrer Erfahrungen und das Zuhören anderer kann eine unglaubliche Bestätigung sein und Sie daran erinnern, dass Sie auf dieser Reise nicht allein sind. Egal, ob es sich um eine Selbsthilfegruppe oder einen Kurs handelt, der sich auf somatische Therapie konzentriert, wenn Sie sich mit Gleichgesinnten umgeben, fördert dies ein Umfeld der Ermutigung und des gemeinsamen Wachstums.

Denken Sie während Ihrer gesamten Reise daran, sanft zu sich selbst zu sein. Heilung verläuft nicht linear, und es wird Höhen und Tiefen geben. Indem Sie Ihre Fortschritte konsequent feiern, über Ihr Wachstum nachdenken und somatische Praktiken in Ihr tägliches Leben integrieren, schaffen Sie einen nährenden Rahmen, der Ihre laufende Genesung unterstützt. Jeder Moment, den du damit verbringst, dich in diesen Praktiken zu verankern, ist eine Bestätigung deiner Stärke und deines Engagements, ein erfülltes, ermächtigtes Leben zu führen.

Neue Ziele für Wachstum und Heilung setzen

Auf deinem Weg der Genesung ist es wichtig, die Kraft der Zielsetzung zu nutzen. Neue, sinnvolle Ziele zu setzen, gibt dir nicht nur eine Orientierung, sondern hilft dir auch, zu feiern, wie weit du gekommen bist. Nehmen Sie sich einen Moment Zeit, um über Ihre bisherigen

Erfolge nachzudenken – egal wie klein sie erscheinen mögen. Vielleicht hast du gelernt, einen Auslöser zu erkennen, bevor er dich überwältigt, oder vielleicht hast du Achtsamkeitsübungen in deinen Alltag integriert. Die Anerkennung dieser Meilensteine ist von entscheidender Bedeutung; Sie erinnern Sie daran, dass Fortschritt real und greifbar ist. Jeder Schritt nach vorne, egal wie groß er ist, ist ein Beweis für Ihre Widerstandsfähigkeit und Ihr Engagement für die Heilung.

Wenn Sie diese Erfolge gefeiert haben, richten Sie Ihren Blick in die Zukunft. Welche Bereiche in Ihrem Leben sind Ihrer Meinung nach reif für weiteres Wachstum? Es könnte sein, deine somatischen Praktiken zu verbessern, deine Verbindungen zu anderen zu vertiefen oder neue Interessen zu entdecken, die dich begeistern. Bei diesem Reflexionsprozess geht es nicht darum, sich selbst unter Druck zu setzen, um Perfektion zu erreichen; Es geht darum, ein Gefühl der Neugier und Offenheit für das zu fördern, was Sie in Ihrem Leben kultivieren möchten. Erwäge, diese Bereiche für dein Wachstum aufzuschreiben und dir zu erlauben, zu artikulieren, was dir gerade wichtig erscheint.

Die Einbeziehung somatischer Praktiken in Ihre neuen Ziele kann eine schöne Synergie zwischen Ihrem Körper und Geist schaffen. Denke darüber nach, wie du Bewegung, Atemarbeit oder Achtsamkeit in deine täglichen Aktivitäten integrieren kannst. Du könntest dir zum Beispiel das Ziel setzen, ein paar Mal pro Woche eine bestimmte somatische Übung zu machen, oder dich zu einem täglichen Atemritual verpflichten. Diese Praktiken können sowohl als Erdungsmechanismus als auch als Quelle der Ermächtigung dienen und es Ihnen ermöglichen, sich tief mit Ihrem Körper zu verbinden, während Sie sich vorwärts bewegen.

Wenn Sie sich auf diesen Zielsetzungsprozess einlassen, denken Sie daran, wie wichtig Anpassungsfähigkeit ist. Das Leben ist unvorhersehbar, und deine Heilungsreise kann unerwartete Wendungen nehmen. Wenn Sie in Ihren Zielen flexibel sind, können Sie sie nach Bedarf anpassen und dabei Ihre sich ändernden Bedürfnisse und Umstände berücksichtigen. Wenn eine bestimmte somatische Praxis nicht mehr so gut ankommt wie früher, ist es völlig in Ordnung, neue Wege zu gehen. Anpassungsfähigkeit zu begrüßen bedeutet, zu erkennen, dass Ihre Reise einzigartig Ihre ist, und dass es in Ordnung ist, die Richtung zu ändern oder einen Schritt zurückzutreten, wenn es nötig ist. Erlaube dir die Gnade, dich anzupassen und weiterzuentwickeln, während du diesen Weg zur Heilung und Ermächtigung navigierst.

Letztendlich geht es beim Setzen sinnvoller Ziele darum, Ihre Absichten mit Ihrer gelebten Erfahrung in Einklang zu bringen und sowohl Ihre Vergangenheit als auch die Möglichkeiten, die vor Ihnen liegen, zu würdigen. Jedes neue Ziel, das du dir setzt, kann zu einem Leuchtfeuer der Hoffnung und einer Erinnerung daran werden, dass Heilung nicht nur möglich ist, sondern auch eine Reise des kontinuierlichen Wachstums und der Entdeckung.

Setze deine Reise mit Mitgefühl fort

In der komplizierten Landschaft der Heilung von Traumata ist eines der wichtigsten Werkzeuge, die du kultivieren kannst, Selbstmitgefühl. Diese sanfte Praxis ermöglicht es dir, deine Heilungsreise mit Freundlichkeit und Verständnis anzugehen, besonders in den unvermeidlichen Momenten der Schwierigkeiten oder des Rückschlags. Es ist allzu leicht, in die Falle der Selbstkritik zu tappen, wenn man auf Herausforderungen stößt und das Gefühl hat, nicht schnell genug voranzukommen oder dass man schon "darüber hinweg" sein sollte. Selbstmitgefühl anzunehmen bedeutet jedoch zu erkennen, dass Heilung kein linearer Prozess ist. Es wird Höhen und Tiefen geben, und das ist völlig in Ordnung.

Um diese Selbstfreundlichkeit zu nähren, beginne damit, deine Gefühle einfach anzuerkennen, ohne sie zu verurteilen. Wenn Sie Schwierigkeiten haben, nehmen Sie sich einen Moment Zeit, um innezuhalten und durchzuatmen. Anstatt diese Gefühle zu verdrängen oder dich dafür zu beschimpfen, erinnere dich sanft daran, dass es menschlich ist, Schmerzen und Rückschläge zu erleben. Es ist Teil der Reise. Du könntest dir sagen: "Ich mache eine schwere Zeit durch, und das ist verständlich. Ich verdiene jetzt Geduld und

Freundlichkeit." Dieser kleine Perspektivwechsel kann einen sicheren Raum für Heilung schaffen, der es dir ermöglicht, deinen Emotionen mit Wärme statt mit Widerstand zu begegnen.

Ein wirksamer Weg, Selbstmitgefühl zu üben, sind Affirmationen. Diese einfachen, aber kraftvollen Aussagen können als tägliche Erinnerungen an Ihren Wert und Ihre Widerstandsfähigkeit dienen. Denke darüber nach, Sätze wie "Ich bin genug, so wie ich bin" oder "Es ist in Ordnung, mir Zeit für die Heilung zu nehmen" zu wiederholen. Jedes Mal, wenn du diese Wahrheiten bejahst, stärkst du eine mitfühlende Denkweise und ersetztst nach und nach Selbstzweifel durch Selbstliebe. Vielleicht möchtest du auch ein Tagebuch führen, in dem du deine Gefühle und Reflexionen aufschreibst. Schreibe an schwierigen Tagen einen Brief an dich selbst, als würdest du mit einem lieben Freund sprechen, der Probleme hat. Was würdest du ihnen sagen? Indem du dich selbst mit der gleichen Fürsorge und Fürsorge behandelst, kannst du lernen, die gleiche Freundlichkeit in dir zu nähren.

Reflexionsübungen können auch dabei helfen, Selbstmitgefühl zu kultivieren. Eine solche Übung besteht darin, sich eine tröstende Figur vorzustellen – das kann ein geliebter Mensch, ein Mentor oder sogar eine fiktive Figur sein –, die Freundlichkeit und Unterstützung verkörpert. Stellen Sie sich diese Figur vor, die an Ihrer Seite steht und Worte der Ermutigung und des Mitgefühls anbietet. Was würden sie dir in schwierigen Momenten sagen? Wie würden sie dir helfen, mit deinen Gefühlen umzugehen? Erlaube dieser Visualisierung, dich in Wärme und Unterstützung einzuhüllen und dich daran zu erinnern, dass du in deinen Kämpfen nie allein bist.

Wenn du auf deinem Heilungsweg weitermachst, denke daran, dass Rückschläge die Fortschritte, die du gemacht hast, nicht auslöschen. Sie sind einfach Teil der Ebbe und Flut der Erholung. Das Üben von Selbstmitgefühl hilft Ihnen, Resilienz aufzubauen, die es Ihnen ermöglicht, sich zu erholen und weiterzumachen. Umarme jeden Moment, auch die schwierigen, mit einem Gefühl der Neugier und des Mitgefühls. Wenn du dir selbst mit Freundlichkeit begegnen kannst, schaffst du ein nährendes Umfeld, in dem wahre Heilung stattfinden kann.

Schlussfolgerung

Dein Weg zu einem friedlichen, selbstbestimmten Leben

Wenn du dich auf diese Reise der Heilung begibst, ist es wichtig, sich daran zu erinnern, dass Genesung kein Ziel, sondern ein kontinuierlicher Prozess ist. Jeder Schritt, den Sie unternehmen, ist Teil eines größeren Weges, um Ihr Leben und Ihr Wohlbefinden zurückzugewinnen. Ein Trauma kann tiefe Narben hinterlassen, aber es definiert dich nicht. Sich auf die Reise einzulassen, bedeutet, zu akzeptieren, dass es Höhen und Tiefen, Momente der Klarheit und Momente des Kampfes geben wird. Diese Ebbe und Flut ist völlig normal, und wenn du sie anerkennst, kannst du mitfühlender mit dir selbst sein.

Während dieses Prozesses haben Sie Werkzeuge gesammelt, die Ihnen helfen, die Komplexität von Stress, Angst und emotionalen Flashbacks zu bewältigen. Ob durch achtsames Atmen, Erdungstechniken oder sanfte Bewegungen, Sie haben sich mit Strategien ausgestattet, die das Gewicht des Traumas lindern können. Diese Tools sind nicht nur vorübergehende Lösungen. Es sind Fähigkeiten, die Sie im Laufe der Zeit immer wieder aufgreifen und verfeinern können. Betrachten Sie sie als Ihr persönliches Toolkit, das Sie bei auftretenden Herausforderungen unterstützt.

Insbesondere die somatische Therapie bietet eine einzigartige Möglichkeit, mit Ihrem Körper und Ihren Emotionen in Verbindung zu bleiben und ein tieferes Verständnis Ihrer Erfahrungen zu ermöglichen. Wenn Sie weiterhin somatische Techniken üben, werden Sie feststellen, dass sie Ihre emotionale Widerstandsfähigkeit und Ihr körperliches Wohlbefinden verbessern können. Die Schönheit der somatischen Therapie liegt in ihrer Anpassungsfähigkeit; Du kannst diese Praktiken auf eine Weise in dein tägliches Leben integrieren, die mit dir in Resonanz steht. Vielleicht sind es ein paar Minuten achtsames Atmen, bevor du in den Tag startest, oder eine sanfte Bewegung, um Verspannungen nach einem stressigen Ereignis zu lösen. In welcher Form auch immer er sich einstellt, der Akt der Einstimmung auf deinen Körper wird ein mächtiger Verbündeter auf deiner Heilungsreise bleiben.

Denke daran, dass Wachstum oft auf kleine, subtile Weise geschieht. Vielleicht bemerken Sie ein erhöhtes Gefühl der Ruhe in Situationen, die sich einst überwältigend anfühlten, oder die Fähigkeit, Ihre Auslöser zu erkennen, ohne von ihnen mitgerissen zu werden. Jeder dieser Siege, egal wie klein er ist, ist ein Beweis für deinen Fortschritt und dein Engagement für die Heilung. Feiern Sie diese Momente, denn sie tragen zu Ihrem allgemeinen Wachstum und Ihrer Widerstandsfähigkeit bei.

Wenn du voranschreitest, lass das Wissen, dass du nicht allein bist, eine Quelle des Trostes sein. Viele andere teilen diesen Weg, und ihre Geschichten können dich inspirieren und aufrichten. Engagieren Sie sich in Communitys, ob persönlich oder online, in denen Sie Erfahrungen, Herausforderungen und Erfolge austauschen können. Die Verbindung mit anderen kann eine unschätzbare Unterstützung und Ermutigung sein und dich daran erinnern, dass Heilung eine gemeinsame menschliche Erfahrung ist.

Sei auf dieser Reise sanft zu dir selbst. Erlaube dir die Gnade zu stolpern, zu fühlen und zu wachsen. Dein Engagement für Heilung ist ein mutiger Schritt in Richtung eines erfüllteren, selbstbestimmten Lebens. Nehmen Sie diese fortlaufende Reise an und wissen Sie, dass jede Anstrengung, die Sie unternehmen, nicht nur Ihr Leben, sondern auch das Leben der Menschen um Sie herum bereichert. Durch die somatische Therapie und Ihre neu entdeckten Praktiken legen Sie den Grundstein für eine Zukunft, in der emotionales und körperliches Wohlbefinden nicht nur ein Ziel, sondern eine lebendige Realität ist.